# GROWTH

그로쓰

조남성 지음

경영자로 성장한다는 것

# GROWTH 그로쓰

# 아무도 가르쳐주지 않았던 경영자의 길을 알려준다

_ 한근태, 한스컨설팅 대표

참으로 많은 경영자를 만났고 지금도 만나고 있다. 사장까지 올라간 사람들은 대부분 범상치 않다. 뭔가 있기 때문에 그 자리까지 오른 것이다. 그래서 배울 점이 있다. 조 사장은 특히 그랬다. 내 절친 고현숙 교수를 통해 처음 만났을 때부터 달랐다. 그의 얘기를 들으면서 '아, 그러니까 삼성 사장까지 올랐구나. 뭔가 다르구나. 저런 얘기는 나 혼자만 알고 있기에는 너무 아깝다. 가능한 많은 사람과 공유하면 좋겠다.'란 생각을 했다. 그에게 내 생각을 얘기했고 그 역시 내 생각에 동의해 같이 책을 쓰기로 의기투합했다. 우여곡절 끝에 책이 나오게 됐다. 아직까지도 기억나는 몇 가지 얘기를 소개하고 싶다.

첫째, 그는 할 말은 하는 사람이다. 사실 대기업에서 자기 소신을 솔직하게 말하는 건 쉽지 않다. 특히 상사에게 그러하다. 그런데 그는 달랐다. 사실을 사실대로 보려고 노력했고 그게 회사에 도움이 된다고 생각하면 거침없이 자기 소신을 밝혔다. 품질관리 일을 할 때 자신이 밤을 새워 만든 발표 자료를 제대로 공부하지 않고 한 상사에게도 그랬고 일본 법인장으로 일을 할 때 현장의 문제점을 본사 회의에서 말할 때도 그랬다. 당연히 그로 인해 불편한 사람은 불만을 품게 마련이다. 나 같은 사람은 그게 두려워서 할 말을 하는 대신 뒤에서 뒷말을 한다. 그런데 그는 회사에 도움이 된다고 생각하면 다 말했다. 사실 그래야 한다. 솔직함과 관련해 가장 기억나는 사건은 부사장 시절 돌아가신 이건희 회장에게 한 질문이다. 이 회장과 만찬을 들 기회가 있었다. 사실 그런 상황에서는 함부로 말하는 게 위험하다. 그래서 다들 침묵을 지키는데 그가 용감하게 이런 질문을 한 것이다. "회장님은 회사에 자주 오시지 않는데 어떻게 그렇게 사업을 잘 파악하고 계시나요?" 당시 분위기가 어땠을지가 그림처럼 그려진다. 스태프들이 당황했을 것이다. 그런데 이 회장의 반응은 달랐다. 그의 질문에 신이 났는지 평소 말씀이 없는 분이 꽤 길게 얘기를 했다고 한다. 아마 이 회장은 그의 질문을 좋게 받아들였을 것이다. 솔직함의 힘이다.

　둘째, 그는 본질을 자주 생각한다. 근본 원인에 대해 남들보다 깊게 생각하는 것 같다. 아마 품질관리 분야에서 성장하면서 길러진 특징이 아닐까 생각한다. 그래서 업의 본질을 탐구하기 위해 특정 단어를 재정의 내리는 걸 좋아한다. 예를 들어 "품질은 산포다." "임파워먼트는 빼앗는 것이다." "일을 잘한다는 건 상사를 잘 활용하는 것이다." 같은 재정의는 지금도 내 머릿속에 박혀 있다. 사실 나도 재정의 내리는 걸 좋아해 『재정의: 본질에 접근하는 법』이란 책까지 썼다. 그 안에 조 사장의 어록이 제법 있다. 재정의는 중요하다. 정확한 정의를 내릴 수 있어야 그다음의 일을 효과적으로 할 수 있다. "품질은 산포다."란 말을 들었을 때가 특히 그랬다. 나도 대기업에서 품질관리 부장을 했는데 한 번도 그런 생각을 해본 적이 없다. 그런데 그의 재정의를 듣는 순간 '맞다. 산포를 잡아야 한다. 품질에 문제가 일정하게 생기면 해결할 수 있다. 하지만 품질에 문제가 오락가락하면 해결할 방법이 없다.'란 깨달음이 왔기 때문이다. 어떻게 그런 능력이 생겼을까? 경영진단팀 근무를 하면서 생긴 능력 같다. 경영진단은 회장 입장에서 단기간에 계열사의 문제점과 미래 전략을 정해야 하는 업무이다. 그런 일을 몇 년 하면서 실력이 는 것이다.

셋째, 그는 치밀하고 집요한 사람이다. 기록을 잘하기 때문에 더 그런 것 같다. 예전에 모셨던 상사가 교훈으로 해준 말을 다 기록했다. 그것을 앨범으로 만들어 미국에 갔을 때 전하기도 했다는 말을 들었다. 또 부실한 사업을 많이 맡아 성공을 시켰는데 집요하게 문제점을 물고 늘어졌기 때문이다. 우리가 일을 하다 보면 습관적으로 해서 정말 중요한 걸 놓치는 경우가 있다. 그는 꽤 집요한 편이다. 왜 그렇고 왜 그래야 하는지를 계속 판다. 실무자 입장에선 당황스럽지만 그런 과정을 통해 실마리를 찾아 사업을 되살릴 수 있다. 그래서 난 그를 턴어라운드 전문가로 생각한다. 뭔가 문제가 있는 사업을 그에게 의뢰하면 제법 효과를 거둘 것이라고 생각한다.

난 그를 높게 평가한다. 삼성에서 사장을 해서가 아니다. 그는 계속해서 학습하고 성장하고 변화하기 때문이다. 변화하고 성장해야 새로운 기회를 잡을 수 있다. 젊은 시절 남들 놀 때 열심히 일본어를 공부해 일본 법인장을 할 수 있었다. 테크노 MBA에 도전해 경영자 준비를 했다. 사업부장 때부터 코칭을 공부해 지금은 코치로 활발하게 활동하고 있다.

사실 책을 쓰는 건 쉬운 일이 아니다. 이 책도 천신만고 끝에 나오게 됐다. 꽤 힘든 시간을 보냈을 것이다. 그럼에도 불구하고 조남성 사장처럼 다른 경영자들도 책을 썼으면 한다. 책을 통해 자신의 철학과 경험과 노하우를 후배들과 공유해야 한다. 그게 선배로서의 의무이고 책임이란 생각이다. 이 책을 낸 조남성 사장에게 깊은 신뢰와 존경을 보낸다.

# 경영자가 어떤 역할을 해야 하는지를 담은 교본이다
_고현숙, 국민대학교 교수·코칭경영원 대표 코치

나는 이 책을 경영자가 어떤 역할을 해야 하는지에 대한 참 좋은 교본이자 참고서라고 말하고 싶다. 대기업의 주요 사업부에서 34년 간 저자가 겪어온 생생한 스토리와 교훈이 흥미진진하게 소개된다. 거기에 더해 필요한 개념을 짧게 소개하며 이론적으로 뒷받침했기 때문에 읽고 나면 정리가 된다. 늘 머릿속에서 구조적으로 정리하는 저자의 장점이 글에도 고스란히 드러난다. 그래서 어느 경영학 전문가가 쓴 글보다 설득력이 강하고 매력적이다.

사실 기업에서 수십 년 일하고 조직을 이끌어온 경영자들은 산업의 전문가이자 조직 관리의 마스터들이다. 자기 경험을 성찰하고 교훈으로 남기는 일은 본인만이 아니라 사회를 위해서도 중요한 자산이다. 그래서 나는 기회 있을 때마다 저자에게 책을 쓰도록 권유했다. 이제 책으로 완성된 글을 읽으면서 진심으로 감탄했다.

경영자가 좋은 책을 쓰려면 스스로를 객관화하는 힘이 있어야 한다. 우리의 에고는 자신의 고생담은 한없이 힘들게 표현하고 받은 영광은 세상에 다시 없는 것처럼 과장하려 들기 쉽다. 그런 글은 잘해봐야 영양가 없는 에세이고 최악의 경우는 자기 자랑에 그친다. 내가 이 책에 감탄한 것은 겸손하게 서술하면서도 독자들이 스스로를 돌아보게 하는 힘이 있기 때문이다. 일하는 방법, 비전을 공유하고 소통하는 방법, 실행력을 높이는 방법, 자기관리에 이르기까지 읽는 사람으로 하여금 돌아보게 해준다.

저자는 '사장의 역할은 무엇일까?'라는 질문으로 시작한다. 그 대답으로서 사장은 '대리인'이자 '채무자'라고 정리한다. 오너와 주주로부터 역할을 위임받은 청지기 대리인이자 자신을 성장시켜준 모든 사람들로부터 빚진 사람이라는 것이다. 강력한 질문에 명료한 정의다. 좋은 질문은 이런 파워가 있다.

나는 저자가 사업부장으로 있을 때 그의 코치로서 인연을 맺었다. 그때 그와 함께 일하던 임직원들을 인터뷰했더니 '본질적인 질문을 잘하는 상사'라고 평했다. 무엇을 질문했을까? 더 이상 의문을 갖지 않았던 업의 본질을 질문했다. 또 목표의 기준 자체에 의문을 제기하며 다른 방법은 없는지 생각의 지평을 넓히도록 했다. 그때 알아봤다. 저자가 용기 있고 군더더기 없는 질문의 고수라는 걸. 그건 상대를 곤란하게 하려는 질문이 아니라 함께 알아보고 배우고자 하는 호기심이 불러일으켰다.

이 책에는 그가 가졌던 문제의식과 질문들과 그에 대한 해법과 접근법이 소개돼 있다. 경영자는 새로운 사업을 맡았을 때 어떤 순서로 일을 풀어나가야 할까? 사업의 매각 같은 어려운 상황에서 직원들과 소통하는 데 가장 중요한 게 무엇일까? 조직의 실행력을 높이기 위해서는 어떻게 해야 할까? 타성에 젖은 조직문화를 바꾸려면 어떻게 해야 할까? 독자들은 이런 질문들을 놓고 자신의 생각과 비교해보며 읽기 바란다. 무릇 스스로 생각하고자 할 때 좋은 질문이 나온다. 우리는 그 질문에 답하려는 고민 속에서 성장한다.

나는 저자와 예전 코치로서 교류한 것도 영광이었지만, 이제 저자 또한 경영자 코치로서 함께한다는 점이 더 보람 있다. 고객에서 이제 동료 코치가 됐다. 관계도 정체되거나 사라지지 않고 진화하고 성숙한다는 걸 느낄 때 기쁘다. 우리 삶에 사계절 같은 사이클이 있다면 저자는 정점을 지나 정체 또는 퇴화하는 직선이 아니라 성장과 성숙의 곡선으로 순환의 사이클을 만들어냈다. 힘들게 일했으니 은퇴하고 여생을 즐겨도 아무 문제 없을 것이다. 하지만 그는 초심자의 자세로 돌아가 배우고 연구했다. 바로 그 점이 인간적으로 가장 존경스럽다.

지금 저자는 많은 경영자가 코칭받고 싶어하는 코치이자 동료 코치로부터 존경받는 코치다. 이 책의 내용이 경영자 역할의 교본이라고 한다면 저자의 삶은 경영자들의 커리어 성장에 좋은 롤 모델이 되지 않을까 한다. 이 책이 큰 울림이 있고 진짜 기쁜 이유이기도 하다.

# 그로쓰업! 성장하는 리더가 경영자가 된다

나는 약 40년 전에 평사원으로 삼성에 입사했다. 그리고 몇 해 전 삼성SDI 대표이사 사장 자리에서 물러났다. 34년간 격변의 시기를 보냈다. 이 시기를 단편적으로는 조직에서 성장하고 경영자로서 성숙한 개인의 성취로 볼 수 있다. 하지만 전반적으로는 나의 개인의 성취가 조직과 사회의 변화에서 추동됐다고 볼 수 있다. 조직과 사회가 성장했기에 나도 한 지점을 담당할 기회를 가질 수 있었다.

1981년에 삼성전자에 입사한 뒤 군대에 다녀와서 복귀한 때가 1983년이다. 당시 1인당 국민소득이 2,150달러였는데 2020년에는 3만 1,000달러를 넘었으니 15배 이상 팽창했다. 성장을 이끈 것은 단연 수출이었다. 대한민국은 1983년에 240억 달러에서 2018년에 6,000억 달러로 세계 6위 수출국이 됐다. 그중 자동차가 430억 달러였고 반도체가 939억 달러를 차지했다.

삼성전자 역시 국내 대기업 중 하나에서 브랜드 가치 세계 5위의 일류기업으로 성장했다. 1980년대에 삼성의 국가 수출액 기여도는 1퍼센트였다. 그러나 2020년에 휴대폰, TV, 반도체 등 1등 제품들의 공로로 20퍼센트까지 올라갔다. 삼성전자의 시가총액은 코스피 200 중 30퍼센트를 차지한다.

이런 발전은 어디서 시작됐을까? 냉혹함과 따뜻함이 공존하는 비즈니스 현장에서였다. 우리나라의 경영자들은 급성장의 시기에 누구보다 열심히 뛰었다. 나도 반도체 품질 엔지니어로 시작해 영업, 마케팅, 경영 진단 등 다양한 업무를 경험하며 열심히 뛰었다. 임원이 돼서는 해외 일선 현장에서 뛰었고 사업 책임자가 돼서는 위기 사업을 맡아 혁신을 주도했다. 몇몇 사업을 매각하기도 했다. 사업에 대한 고민으로 잠을 이루지 못하던 시간도 많았다.

사장은 어려운 자리다. 책임이 막중하다. 사장은 기업을 성장시킬수도 있지만 기업을 위험에 빠뜨릴 수도 있다. 경영자들은 "기업은 사장의 그릇만큼 큰다."라는 말을 마음에 새기고 산다. 나 역시 '내가 이 회사를 이끌고 갈 그릇이 되는가?'를 돌아보며 역량을 키웠다. 무엇보다 선배 경영자들의 이야기에 귀를 기울였다. 훌륭한 경영진과 선배들 밑에서 일했던 것은 큰 행운이었다. 하나의 완벽한 롤 모델을 찾아다니기보다 선배들의 장점을 취합해 '경영자의 모범'을 만들고 따르고자 애썼다. 그리고 선배들이 내게 했던 것처럼 후배들의 성장을 지지하고 지원했다. 현직에서 물러날 때 후배들에게 들었던 아쉬움과 감사의 말들은 여전히 큰 보람으로 남아 있다.

2017년에 현직에서 물러나며 제2의 인생이 시작됐다. 앞으로 어떤 인생을 살아야 할지 생각해보았다. 내 앞에는 세 가지 삶이 놓여 있었다. 죽기 전까지의 삶, 죽을 때의 삶, 죽은 후의 삶이 그것이었다. '앞으로 어떻게 살 것인가?' '어떻게 생을 마감하고 싶은가?' '사후 어떻게 기억되고 싶은가?'를 고민했다. 나는 숙고 끝에 크레센도 Crescendo의 삶을 살고 싶다는 결론에 이르렀다. 『성공하는 사람들의 7가지 습관』의 저자로 유명한 스티븐 코비 박사는 "크레센도의 삶을 살아라!"라고 말했다. 그는 나이가 들수록 내적으로 더 충만해지고 사회적으로도 활발해지는 삶을 크레센도의 삶으로 명명했다. 반대로 나이가 들어가면서 외로움을 느끼고 고립되는 삶을 디미누엔도 Diminuendo라고 했다. 나는 생을 마감할 때까지 정신적, 육체적으로 건강하고 또 그 후에도 주변 사람들에게 '선한 영향력을 끼친 사람'으로 기억되고 싶다. 그래서 나의 제2의 인생을 크레센도의 삶으로 명명했다. 그리고 크레센도의 삶을 살 수 있는 여러 요건을 고민한 끝에 '경영자 코칭'이라는 새로운 길을 걷게 됐다.

전문 코치 과정을 이수하고 나서 후배 경영자들의 멘토로 코칭 활동을 시작했다. 아무래도 내가 경영자로서 경험한 부분이 많으니 자연스럽게 멘토링이 이루어졌다. '내가 선배 경영자분들의 도움으로 이 자리에 온 것같이 나도 후배들이 더 나은 리더로 성장하도록 돕자.'라는 마음이었다. 또 코칭 후 후배들에게 받는 감사의 피드백은 큰 보람이었다.

나의 롤 모델은 실리콘밸리의 전설적 경영자 코치로 추앙받는 빌 캠벨Bill Campbell이다. 그와 같은 미래를 꿈꾼다. 그는 풋볼 코치 출신의 경영자로서 은퇴 후 코치로 활동했다. 스티브 잡스, 제프 베조스, 래리 페이지 등을 코칭했다. 또 그들이 경영하는 기업들이 위대한 성과를 이루는 데 큰 역할을 했다고 평가받는다. 그 기업들의 시가총액을 합치면 1조 달러가 되기 때문에 빌 캠벨은 '1조 달러 코치'로 불린다. 나 역시 10년 후 나의 코칭으로 인해 인생이 바뀌고 성공한 후배들과 함께 티파티를 할 수 있기를 바란다.

이 책은 나의 개인적 비전, 그간의 경험, 후배 경영자들에게서 들었던 여러 고민이 한데 어우러져 시작됐다. 후배 경영자들에게 코칭과 멘토링을 하면서 다양한 주제를 다루게 됐다. 회를 거듭할수록 경영자의 철학은 어떠해야 하며 경영을 어떻게 해야 하고 또 리더십을 발휘하기 위해 어떻게 훈련해야 하는지 제대로 정립할 필요가 있다고 느꼈다. 때마침 한스컨설팅 한근태 대표가 책을 쓸 것을 권유했다. 코칭경영원 고현숙 대표도 거들어 첫 삽을 뜨게 됐다.

글을 쓰기 시작하면서 생각이 많아졌다. 그간 읽었던 책들을 들추었다. 전에는 보지 못했던 많은 것들이 선명하게 들어왔다. '내가 현직에 있을 때 이런 것들을 깊이 생각하고 깨달았더라면……' 하는 아쉬움이 컸다. 이 과정을 거치면서 경영자에게 필요한 지혜와 통찰을 글로 정리해나갔다.

책의 내용은 '비즈니스와 기업 경영'에 관해 한근태 대표와 나누었던 질문과 답변을 주제별로 묶어 구성했다. 경영자 시절 경험을 바탕으로 한 이야기가 대부분이다. 4장에서는 경영자로 성장하기까지의 주니어 시절 이야기도 포함했다. 내가 삼성 출신이기에 사례 대부분이 삼성에서 경험한 이야기들이다. 나름대로 조심한다고 했는데 혹시 이 내용이 의도하지 않게 변질돼 회사나 후배들에게 부담을 주지는 않았으면 하는 마음이다. 나의 평범한 경험들이 후배 경영인들에게 과연 의미가 있을까 하고 자문을 하기도 했다. 그러나 작은 경험이라도 진정성을 담아 전달하면 나름의 의미로 도움이 되지 않을까 하는 생각으로 집필을 이어나갔다. 책을 다 쓰고 보니 부족한 부분이 적지 않다. 독자들의 너른 이해를 구한다.

마지막으로 책이 나오기까지 도움을 주신 분들에게 감사의 인사를 전한다. 한근태 대표는 다양한 주제의 질문을 던져 머릿속 생각들을 끌어내었다. 한 대표의 강권과 도움이 없었다면 이 책은 탄생할 수 없었을 것이다. 그가 제시한 키워드와 질문 덕분에 경영자로서 고민해야 할 다양한 이슈들에 대한 그간의 생각들을 정리할 수 있었다. 진심으로 감사의 마음을 전한다. 코칭경영원 고현숙 대표는 내가 퇴임 후 경영자 코치의 길을 걸을 수 있도록 안내하고 이끌었을 뿐만 아니라 추가 공부를 위한 과정과 책 쓰기를 독려했다. 세심한 배려 덕분에 현재의 커리어에 무리 없이 안착할 수 있었다.

퇴직 후 일대기를 정리하고 책을 쓰면서 많은 후배들의 도움을 받았다. 그들과 다양한 주제로 대화를 하면서 내 생각과 행동을 돌아볼 수 있었고, 예전의 에피소드들을 생생하게 떠올리며 책을 쓸 수 있었다. 지면을 통해 고마운 마음을 전한다. 클라우드나인의 안현주 대표, 류재운 실장, 투박한 글을 다듬어준 최진 실장, 안선영 편집팀장에게도 깊은 감사를 드린다.

끝으로 늘 회사 일로 바빴던 내게 든든한 안식처가 돼준 아내와 내 삶의 가장 큰 원동력인 딸 혜승과 아들 준연에게도 사랑과 고마움을 전한다.

2021년 4월

조남성

# 차례

# 1부
## 그로씨!
## 성장하는 경영을 추구하다

## 1장 경영자의 자세와 철학
### : 지혜와 통찰이 철학이 되게 하라

# 2장 경영의 기본
## : 기본에 충실한 프로가 성과를 만든다

# 2부

## 그로쓰!
## 성장하는 경영자가 되다

## 3장 경영의 실행
### : 혁신하는 조직의 실행력은 어디서 오는가

# 4장 경영자로 가는 길
## : 리더는 배우고 단련하고 성장한다

# 1부

## 그로쓰!

성장하는
경영을
추구하다

# 경영자의 자세와 철학

: 지혜와 통찰이 철학이 되게 하라

# 1
# 기본기

## 경영자의 자리도
## 기본기가 중요하다

'설레지만 무겁고 막중하다.'

처음 대표이사로 취임했을 때 느낌이다. 남들이 선망하는 자리, 한 번쯤 서보고 싶은 자리에 섰다는 기쁨과 환희는 스치듯 잠깐이다. 그 후로는 막중한 책임의 무게만이 남는다. 경영자에게는 수많은 사람들과 동고동락하며 경제의 큰 사이클을 담당한다는 보람이 있다. 하지만 수천수만 명을 위험에 빠트릴 수 있다는 위기감이 더 크게 다가올 때가 많다. 그래서 많은 경영자가 자기만의 원칙을 세우고 자세와 마음가짐을 점검하며 '경영자의 철학'을 완성해가는 것이 아닌가 싶다. 나 역시 처음 사장이 되고 '사장이란 무엇인가?'라는 질문을 스스로에게 해보았다. 그러자 잠시 잠깐 들떴던 마음이 가라앉으면서

'앞으로 어떤 자세로 경영해야 하는가?'라는 진지한 고민이 시작됐다. 이후로도 사장의 기본 자질이라 할 수 있는 경영 철학, 통찰력, 자세 등을 늘 고민하며 경영에 임했다.

어느 분야에서든 '기본기'는 늘 강조된다. 집으로 치자면 주춧돌이고 대들보다. 눈에 띄지 않아 주목받지 못하지만 그 중요성은 두말할 것도 없다. 마찬가지로 사장이라는 자리에도 기본기가 필요하다. 사장의 역할, 철학, 통찰력, 자세 등은 현실에서 체계적으로 배울 기회가 적고 고민하는 과정도 쉽지 않다. 하지만 절대 소홀해서는 안되는 부분이다. 기본기가 있는 경영자와 그렇지 않은 경영자는 위기 상황에서 금방 표시가 난다. 지난 50여 년 동안 우리 경제에 불어닥친 여러 번의 위기 속에서 삼성은 도약과 재도약을 반복하며 세계 일류기업이 됐다. 이 과정에서 남다른 경영 철학은 흔들리지 않는 비전과 방향성을 제시했고 위기를 기회로 바꾸는 힘을 발휘했다.


## 경영자의 철학이 조직문화와 DNA가 된다

'사장이란 무엇인가?'

내가 사장이 되고 스스로에게 처음 던졌던 질문이다. 사장 발령을 받고 들뜬 마음을 가라앉히며 사장으로서 어떻게 업무에 임해야 하는가를 고민했다. 당시 나는 전문 경영인에게는 두 가지 책무가 있다는 것을 깨달았고 일선에서 물러나는 날까지 잊지 않으려 노력했다.

하나는 '대리인'이다. 회사에서 사장은 회장의 대리인이며 법적으로는 주주들이 맡긴 직분이다. 전문 경영인은 오너는 아니지만 한 집안의 가장과 같은 역할을 한다. 수많은 직원은 물론 협력업체에 대한 책무가 상당하다. 따라서 '내 마음대로 하겠다.'라는 생각을 버리고 '위임받은 청지기로서 최선을 다한다.'라는 마음으로 경영에 임해야 한다.

다른 하나는 '채무자'다. '어떻게 해서 이 자리까지 왔는가?'를 생각해보았다. 내가 잘나서 왔는가? 아니다. 훌륭한 선배 경영자들이 잘 이끌어준 덕분에 사장의 자리까지 오를 수 있었다. 그러나 내가 사장의 위치에 올랐을 때는 그동안 나를 이끌어준 선배들은 모두 회사를 떠난 다음이었다. 그러므로 보답하는 마음으로 더 좋은 회사로 키워서 후배들에게 물려주어야겠다는 마음가짐으로 임해야 한다.

사장의 책무는 '경영자에게 철학이 필요한 이유'와 깊은 관련이 있다. 흔히 철학을 '생각의 프레임'이라고 이야기하고 한번 잡히면 좀처럼 변하지 않는 것이라고 설명을 한다. 이를 경영에 대입하면 경영 철학이란 '왜 그리고 무엇을 위해 일을 하는가?'에 대한 답이다. 경영 이념과 같은 말이라고 해도 무방하다. 개인적으로는 이병철 회장의 경영 철학이야말로 현대 경영인들에게 본보기가 되는 경영 이념이라 생각한다. 반세기 동안 삼성의 성장을 이끈 가장 강력한 에너지원으로 작용하지 않았을까 싶다. 나는 사장이 되면서 삼성전자가 어떻게 해서 오늘날과 같은 일류기업의 위상을 갖게 됐나 생각해보았다. 물론 훌륭한 경영자, 전략, 혁신 등이 축적된 결과다. 그러나 과연 그것이 다일까? 나는 더 상위에 오너의 경영 철학이 있었고 그것이 장기간에 작동된 결과였다고 생각한다.

'사업보국, 인재제일, 합리추구'

이병철 회장은 삼성 창립 초기부터 이 세 가지 경영 이념을 확립해 직원들에게 설파했다. 가장 먼저 이병철 회장은 국가에 봉사하는 것이 기업인의 본분이며 사회적 의무라고 강조했다. 삼성의 여러 사업 부문 중에 메모리 반도체는 사업보국의 정신이 아니었다면 시작되지 못했을 사업이다. 삼성이 메모리 사업을 검토할 때 수많은 반대와 우려가 있었던 것은 잘 알려진 사실이다. 자칫하면 삼성그룹 전체가 위험할 수도 있다고 했다. 그럼에도 우리나라의 미래를 위해서는 첨단 산업을 시작해야 한다는 신념으로 메모리 사업을 시작했다. 만일 이병철, 이건희 회장이 경영자로서 합리적 판단과 사업성만 생각했다면 결코 하지 못했을 선택이다. 그 후 삼성 반도체는 오너의 전폭적인 지지를 받으며 갖은 난관을 극복했고 당당히 세계 1등 기업으로 올라섰다. 2003년 '신경영 10주년 기념식'에서 이건희 회장은 파이를 키워 국민소득을 늘리려 노력해야 한다며 사업보국의 뜻을 강조했다. 삼성의 경영 이념을 지켜나가겠다는 천명과도 같은 말이었다.

인재제일 철학은 삼성이 인재사관학교가 돼 사회 각 분야에 걸출한 인재를 배출하는 바탕이 됐다. 반도체 성장기 때 이건희 회장은 "인재 한 명이 1만 명을 먹여 살린다."라며 인재 영입을 강조했다. 이때 영입된 진대제, 황창규, 권오현 등은 삼성뿐만 아니라 우리나라의 IT 발전에 큰 족적을 남겼다. 1990년대부터는 '인재와 기술을 바탕으로 최고의 제품과 서비스를 창출해 인류 사회의 발전에 공헌한다.'라는 경영 이념을 바탕으로 세계 각국의 다양한 문물을 배우고 익힐 수 있도록 지역 전문가 양성 과정과 글로벌 MBA 제도를 도입했고 5,000명이 넘는 글로벌 인재를 양성했다. 또한 기술 인력을 중용함으로써 기업과 사회의 기술적 저변을 확대했다. 그 과정에서 삼성은 각 사장에게 "당신보다 더 나은 인재를 데리고 오라."라는 주문을 지속적으로 전달했다. 우수 인재의 영입을 경영자들에게 미션으로 제시하고 적극적으로 인사고과에 반영하는 형태로 성과를 만들어나갔다. 이렇게 육성된 인재들이 사회로 퍼져 나가 우리나라 각계각층에 삼성 출신 인재들이 포진하게 됐고 다양한 분야와 위치에서 삼성에서 배운 경영 시스템을 도입해 성과를 내고 있다.

합리추구 철학은 철저한 경영 관리를 통해 삼성이 1997년 IMF와 2008년 금융위기를 극복하는 것은 물론 이 위기를 한 단계 더 높은 성장의 발판으로 삼아 오늘의 삼성을 만들었다. 이병철 회장의 경영 철학은 현재의 삼성을 만든 주춧돌이자 성장의 동력이었다. 경영자가 확고한 경영 철학을 수립하고 흔들림 없이 그 철학을 실천할 때 그 철학은 조직문화와 DNA가 되고 시간이 지나면서 엄청난 위력을 발휘한다. 그것이 경영자가 경영 철학을 가져야 하는 의미다.


## 현재를 깊게 보고 멀리 보면 통찰에 이른다

다음으로 생각해볼 경영자의 기본기는 '통찰력'이다. 삼성에 입사하고 여러 차례 이병철 회장과 이건희 회장의 경영 철학에 대해 교육을 받았다. 그때 본 영상을 부사장 시절에 다시 볼 기회가 있었다. 예전에는 가볍게 흘려들었던 한 부분에서 정신이 번쩍 들었다. 바로 이건희 회장이 디자인과 특허의 중요성을 강조했던 부분이다.

이건희 회장이 디자인과 특허의 중요성을 강조하던 때는 1990년대였다. 무려 30년 전이었다. 지금은 디자인과 특허에 대한 중요성을 새삼 강조할 필요가 없지만 1990년대는 지금과 아주 달랐다. 국내 기업들이 기술력이 부족해 제품의 성능과 품질에만 매달려도 벅찬 시기였다. 그런 환경에서 이건희 회장은 디자인과 특허가 중요하다고 이야기했던 것이다.

또 현재는 자동차가 기계 산업이지만 앞으로는 전자 산업이 될 것이다. 자동차 프레임에 PC를 올려놓으면 그게 차가 된다고 말했다. 마치 요즈음의 테슬라 자동차, 자율주행 자동차 시대를 예견하며 이야기한 것 같다. 선견지명을 넘어 미래에 대한 통찰이 없다면 불가능한 일이다. '내가 CEO가 된다면 저런 이야기를 할 수 있을까?' 하고 생각하던 중 회사 간담회에서 이건희 회장을 직접 만날 기회가 생겼다. 나는 그간 궁금했던 것들이 떠올라 "어떻게 하면 미래를 감지하는 그런 통찰력을 가질 수 있습니까?" 하고 물어보았다. 이 회장은 "현재를 깊게 보고 멀리 보면 보인다."라는 답을 주었다.

나는 이건희 회장의 답변이 마음에 깊이 와닿았다. 회장 자신이 본질을 깊이 분석하고 미래를 보려 노력한 끝에 그와 같은 통찰을 얻었으리라 짐작이 됐기 때문이다. 보통 "실력이 있다."라는 평을 들는 정도면 자기 업무를 잘 감당하는 수준이다. 그러나 통찰력은 자신의 영역에서 최선을 다하는 것만으로 키워지지 않는다. 숲을 보는 위치보다 더 높은 곳에 올라서야 한다. 나는 이건희 회장의 말을 '기술과 산업의 트렌드와 인간에 대한 깊은 이해를 바탕으로 최대한 멀리까지 보려고 노력하라.'라는 의미로 이해했고 그러기 위해 노력했다. 그 후 여러 번의 경영 현장에서 비전과 목표를 세우고 실천하는 데 활용할 수 있었다. 통찰이 혁신이 되고 전략이 되는 것을 몸소 체험할 수 있었다.

## 겸손과 장기적 안목으로 솔선수범하라

경영자의 기본기 중 마지막은 '자세'다. 두말할 것도 없이 경영자의 생각과 태도는 회사의 존망에 지대한 영향을 미친다. 무엇보다 경영자는 회사의 최고 리더로서 많은 직원이 보고 따른다. 경영자가 자세를 바로 세우지 않으면 수천수만 직원들도 그러할 것이다. 스스로 어떤 자세로 임할 것인가 원칙을 세우고 솔선수범하는 실행력을 보여야 한다.

경영자의 자세로서 나는 크게 세 가지 원칙을 세웠다. 첫째는 겸손이다. 내가 잘나서 사장이 된 게 아니라는 인식이 필요하다. 일본 법인장으로 있을 때 국내 타 기업에서 파견된 법인장들과 만날 기회가 있었다. 한 법인장과 대화를 했는데 인품과 능력이 좋아 보였다. 그런데 그 법인장이 말하기를 회사가 잘될 때는 직원을 수백 명 거느리고 있었는데 본사 그룹이 해체되면서 일본 법인의 존속이 위태롭다고 했다. 그때 나는 '저 사람은 능력이 있는데도 본사가 해체되니 저렇게 되는구나. 내가 이 자리에서 일할 수 있는 것은 내 능력이 아니라 좋은 회사와 선배들 덕분이구나.'라는 생각을 했다.

겸손이 가장 필요할 때는 새롭게 사업을 맡았을 때, 특히 어려운 사업을 맡았을 때다. 그때 전임자를 부정하고 깎아내리는 분들이 있다. 문제점이 많이 보이니까 전임자는 무능하고 자신은 능력이 있다는 마음에서 비롯된 태도다. 그런 태도와 언행은 바람직하지 않다. 후배들에게 나쁜 본보기를 보여주는 것이고 후에 본인에게 부메랑이 돼 돌아올 수 있다. 문제가 있으면 개선하면 된다. 개선하라고 그 보직을 맡긴 것이다. 나도 처음 적자 사업을 맡아 회사 상황을 파악했을 때 전임 경영자들이 원망스러운 마음이 들기도 했다. 그러나 그분들 입장에서 생각해보니 얼마나 힘들었는지 이해가 됐다. 그 후 전임자 얘기는 절대 하지 않았다. 개선을 위해 문제를 문제로만 지적했다.

둘째는 장기적 안목이다. 내 대에서 빛을 보려 하면 안 된다. 사장이 된 사람은 이미 인정받은 사람들이다. 더 욕심을 내선 안 된다. 사장은 후배들에게 더 좋은 회사를 물려줘야 하는 채무자다. 기초를 쌓는다는 마음으로 일해야 한다. 소신과 철학을 가지고 정도正道를 걸어야 한다. 주변 사람들도 사업이 어려운 것인지, 경영자가 무능한 것인지를 구분할 수 있다. 나는 적자 사업을 맡았을 때 '무슨 일을 하느냐'가 아니고 '맡겨진 일을 어떻게 수행하느냐'가 중요하다는 생각으로 일했다. 사업이 적자라고 해서 단기적 성과 유혹에 연연하지 않았다. 회사에 장기적으로 궁극적으로 도움이 되는 일을 기준으로 판단했고 의사결정을 했다.

셋째 솔선수범이다. 직원들은 경영자의 말이 아니라 행동을 보고 움직인다. 사심 없이 일하고 공사를 구분하는 등의 도덕적이고 기본적인 이야기는 당연한 것이다. 중요한 것은 말이 아니라 행동이다. 구성원들에게 원하는 것이 있으면 경영자가 먼저 솔선수범하고 실천해야 한다. 직원들에게 일에 대한 열정, 업무 속도, 책임감 등을 기대한다면 스스로도 그렇게 해야 한다. 그리고 당당히 요구하면 된다. 일본의 존경받는 경영자 중 한 명인 이나모리 가즈오稲盛和夫 교세라 회장은 "기업은 경영자의 그릇, 즉 역량만큼 크다."라고 했다. 경영자의 그릇이 작은데 회사만 성장하는 사례는 결코 없다는 말이다. 나는 삼성에서 경영자가 되고 이와 비슷한 말을 숱하게 듣곤 했다.

사장의 기본 덕목들은 곧 사장의 그릇이다. 때로는 단순한 것으로 족할 때가 있다. 특히 전문 경영인은 대단한 미사여구를 고민하며 전에 없던 경영 이념을 세우려 애쓸 필요가 없다. 화려한 전술과 전략으로 조직을 새롭게 혁신하는 것도 다음 일이다. 스스로 마음가짐과 자세를 점검하며 그릇을 키우는 것이 무엇보다 가장 중요하다.

# 2
# 위기의식

## 미래와 현재의 격차를
## 인식하라

어떻게 차가운 바닷물에 선원들을 밀어 넣을 것인가? 방법은 두 가지가 있다. 첫째는 선장이 뛰어내리지 않으면 가만두지 않겠다고 협박하는 것이다. 그러나 아무리 선장이 협박해도 순순히 바다에 뛰어들 선원은 많지 않을 것이다. 차가운 바닷속에서 어떻게 될지 두렵기 때문이다. 둘째는 갑판에 불을 지르는 것이다. 당장 타오르는 불로 인해 목숨을 잃을 상황에서 선원들은 뛰어내리지 말라고 해도 스스로 바다에 뛰어들 것이다.

이처럼 두려움을 이기고 스스로를 움직이는 변화는 상부의 지시가 아니라 긴박한 '위기의식'에 의해 일어나는 경우가 더 많다. 경영자는 이를 제대로 이해하고 경영 환경에서 위기의식을 잘 활용할 줄 알아야 한다. 경영자는 '언젠가 좋아지겠지.'라는 막연한 낙관주의를 항상 경계해야 한다. 현재 상황에 만족하는 정서가 만연한 상태에서는 변화가 불가능하다. 조직원이 변화의 필요성을 느끼고 절박하게 받아들여야 한다.

'이대로는 안 된다.'라는 위기의식은 경영의 출발점이다. 내가 생각하는 위기의식이란 '다가올 미래를 전망하고 현재를 돌아보며 둘 사이의 격차를 인식하는 것'이다. 통찰력과 비전 못지않게 경영자가 조직원들에게 강조해서 전달해야 할 것 중 하나다. 미래를 멀리 내다볼 수 있는 능력은 통찰력이다. 그 미래를 상상해서 회사가 추구해야 할 모습을 그리는 것은 비전이다. 미래와 현재의 격차를 인식하는 것이 위기의식이다. 이 세 가지 모두를 갖춰야 에너지를 얻고 몰입도와 실행력을 높여 변화를 주도할 수 있다.


## 시간의 축을 확장해서 통찰력을 키워라

내가 '위기의식이란 이런 것이구나.' '위기의식의 결과가 이렇게 대단하구나.' 하고 느낀 사례가 있다. 1987년 이병철 회장이 타계하고 이건희 회장이 취임했다. 당시 나는 대리였는데 이건희 회장의 취임식을 사내 방송으로 시청했다. 그때는 특별히 기억에 남는 것이 없었다. 그리고 25년이 지난 2012년 부사장 시절에 같은 영상을 볼 기회가 있었다. 나 자신이 사장을 목전에 두고 있는 포지션이어서 그런지 이전과는 완전히 다른 인상을 받았다.

당시 45세였던 이건희 회장의 얼굴에서 아버지를 잃은 슬픔과 삼성그룹이라는 거대한 함대를 이끌고 가야 하는 책임감이 중첩된 표정을 읽을 수 있었다. 이 회장은 취임사에서 "2000년까지 삼성을 세계적인 초일류기업으로 성장시키겠다."라고 선언했다. 표정이 비장했다. 삼성 경영진과 임직원들이 1987년 이건희 회장 취임사를 얼마나 기억하는지 잘 모르겠다. 2000년까지 삼성을 세계 초일류기업으로 만들겠다는 선언을 얼마나 진지하게 생각했겠는가. 그러나 이건희 회장은 기억하고 항상 고민하고 있었다. 1993년은 1987년 취임으로부터 6년이 지났던 시점이다. 2000년까지 7년이 남았다. 자신이 회장에 취임하면서 약속한 시기의 절반이 지났는데 '삼성은 변한 것이 하나도 없구나. 이대로 7년이 더 가면 큰일 나겠구나.' 하는 위기의식을 느꼈을 것이다. 그래서 '등에서 식은땀이 난다.'라고 했던 것이다. 그 위기의식이 계기가 돼 신경영이 시작됐고 삼성의 역사가 달라졌다. 이건희 회장의 위기의식이 삼성을 초일류기업으로 만든 동력이었다.

　　나는 부사장이 되고 나서야 위기의식의 중요성과 그 에너지를 실감할 수 있었다. 그러나 막상 경영해보니 위기의식은 느끼고 싶다고 느낄 수 있는 것이 아니었다. 직원들뿐만 아니라 경영자들조차 위기가 와도 느끼지 못하는 경우가 많다. 그러니 미리 감지하고 준비한다는 것은 매우 어려운 일이 아닐 수 없다. 위기에 예민해지는 것도 일종의 능력이다. 위기의식을 잘 느낄 수 있도록 어느 정도의 훈련이 필요하다. 위기에 대한 감각을 예민하게 발달시켜야 한다. 앞서 미래를 보는 통찰에 대해 이건희 회장에게서 "현재를 깊게 보고 멀리 보라."라는 조언을 들었다고 소개했다. 이와 비슷한 이야기를 과학 만화를 그리는 이정문 화백의 인터뷰에서 본 적이 있다.

이정문 화백은 미래를 보는 만화가로 1965년에 「서기 2000년대의 생활의 이모저모」를 그렸다. 그의 만화에는 우리가 사용하는 전자기기들이 현재의 모습과 매우 비슷하게 그려져 있다. 소형 TV 전화기, 전기 자동차, 무빙워크, 청소 로봇 등을 보고 있으면 놀랍다. 당시 한국은 흑백 TV 정도가 보급되는 시기였는데 어떻게 35년 후를 이렇게 정확히 예측할 수 있었을까 하는 생각이 든다. 이정문 화백은 인터뷰에서 모든 것이 상상력과 과학 뉴스 덕분이라고 이야기했다. 과학 뉴스를 주의 깊게 살펴보고 그를 바탕으로 미래를 상상하며 실제 이루어질 법한 것들을 그려냈다고 한다. 이정문 화백 역시 현재를 깊게 보고 멀리 본 덕분에 미래 기술들을 예견할 수 있었던 것이다.

이정문 화백의 인터뷰를 보며 예술은 역시 남다른 통찰력이 필요한 영역이라는 생각을 했다. 작가는 상상력에 의한 것이라고 이야기하지만 그는 수십 년간 과학 뉴스를 열독하며 미래를 그려내고자 노력했다. 경영자와는 다른 차원에서 미래를 그리는 통찰력이 자랐을 것이다. 나는 이건희 회장이나 이정문 화백처럼 풍부한 상상력과 통찰력을 가지고 미래를 그려볼 수 있다면 그 자체로 엄청난 위기의식을 갖고 혁신을 추진할 수 있겠다고 생각했다. 그리고 '시간의 축을 길게 확장하는 방법'을 통해 몸담고 있는 영역에서 미래를 준비하는 전략들을 세울 수 있었다.

나는 삼성SDI 사업을 맡았을 때 배터리가 중심이 되는 사물배터리BoT, Battery of Things 세상을 꿈꿨다. 4차 산업혁명으로 초연결 시대가 되면서 수많은 무선기기에 모두 배터리가 장착될 것이다. 현재의 휴대폰, 노트북 컴퓨터 등에 이어 드론, 킥보드, 전기 자전거, 가정용 청소기, 무선 드릴 등 수많은 응용 제품이 생겨났고 앞으로는 더욱 많아질 것이다. 에너지 저장 장치ESS를 통해 태양광으로 발전되는 전기도 저장했다가 쓸 수 있다. 모든 자동차는 전기 자동차로 바뀔 것이다. 한마디로 개인의 모든 휴대 기기, 이동 수단, 집에서 생활하는 제품 곳곳에 배터리가 사용될 것이다. 사업 책임자로서 배터리로 모든 것이 연결되는 세상을 꿈꿨다.

미래를 그려보며 사물배터리 세상을 만들기 위한 실행 계획을 생각해볼 수 있었다. 구체적으로 무엇을 어떤 시간의 축으로 준비해야 할지 고민했다. 모든 자동차가 전기 자동차로 바뀌는 세상을 한번 생각해보자. 지금의 휘발유차와 디젤차가 전기차로 바뀌려면 어떤 조건이 필요할까? 여러 가지 조건이 있겠지만 세 가지만 들어보자. 첫 번째로 고객에게 가장 중요한 것은 가격일 것이다. 가격이 같다면 전기차가 연비 절감과 환경 보호 등 많은 이점이 있기 때문에 선택하지 않을 이유가 없다. 그렇다면 전기차가 휘발유차와 디젤차와 동일한 가격대가 되기 위한 배터리 가격이 산출될 것이다. 이것이 배터리 가격의 목표가 된다.

두 번째는 주행거리다. 현재 휘발유차는 한 번 주유하면 약 500킬로미터 정도를 주행할 수 있다. 그렇다면 전기차에 장착되는 배터리는 한 번 충전하면 500킬로미터를 주행할 수 있어야 한다. 이것이 배터리의 개발 성능 목표가 된다.

세 번째는 생산 목표다. 당시 전기차의 보급률은 1퍼센트 남짓했다. 모든 자동차가 전기차로 바뀐다면 단순 계산으로 100배가 된다. 500킬로미터 주행이 가능한 배터리 용량을 고려하면 훨씬 더 큰 생산 규모가 필요하다. 이것을 어떻게 생산할 것인가? 현재 방식으로는 안 된다. 생산성 혁신 목표를 세워야 한다. 또 전 세계적으로 글로벌 생산 기지에 대한 계획을 세워야 한다. 그에 따른 모든 물류 체계도 다시 세워야 한다. 이런 식으로 꿈을 현실화하기 위한 구체적인 목표를 세울 수 있다.

가격, 주행거리, 생산 목표라는 세 가지 조건과 함께 하나 더 중요하게 고려할 것은 시간이다. 미래의 세상을 얼마나 빨리 구현할 수 있는가 하는 것이다. 1900년대에 마차가 달리던 뉴욕 거리에 자동차가 처음으로 등장한 후 자동차가 온 거리를 뒤덮는 데는 불과 13년밖에 걸리지 않았다. 전기차 세상이 얼마나 빨리 올지 특정 시기를 예단할 수는 없다. 하지만 어느 변곡점을 지나면 기하급수적으로 빨라질 것이 틀림 없다. 경영자로서 위기의식을 가지고 대응해야 한다. 그런 세상이 조만간 올 것이다. 그에 대한 준비를 서둘러야 한다. 산업과 고객을 이끌어야 하고 경쟁사보다 빨라야 한다. 미래에 펼쳐질 시장을 얼마나 시급하고 절박하게 느끼느냐가 위기의식의 차이고 경영자의 자질의 차이다.

나는 특정 사업 분야나 사회 혹은 개인의 미래를 궁금해하는 이들에게 "시간의 축을 길게 확장해서 보라."라는 조언을 수시로 한다. 그럼 현재와 미래의 격차를 인식하면서 자연스럽게 위기의식을 느끼고 비전, 목표, 실행 계획(전략)을 세울 수 있다. 비전은 원하는 미래의 모습이고, 목표는 이를 달성하는 것이고, 실행 계획은 원하는 미래를 얻기 위해 현재 해야 할 것들이다. 비전, 목표, 실행 계획을 정립하고 구현하면 원하는 미래로 나아가는 최선의 길을 찾을 수 있다.

## 비전과 목표부터 공감하고 위기의식을 공유하라

"상사들은 항상 위기라고 말합니다."

직원들이 종종 늘어놓는 푸념이다. 경영진은 위기를 강조하지만 직원들은 전혀 위기라고 느껴지지 않기 때문에 나오는 푸념이다. 직원들은 위기라는 말에 피로감을 드러내곤 한다. '위기가 지나가면 안정이 와야 한다.' '어제가 정말 위기였다면 오늘은 위기가 아니어야 하지 않는가?'라는 생각을 하기 때문이다. 그러나 위기가 가면 안정이 와야 한다는 것은 희망사항일 뿐이다. 안정은 안주와 다를 바 없다. 직원들이 위기의식을 느끼지 못하는 것은 안주를 바라기 때문이다.

안주를 바라는 직원들이 많은 데는 경영자의 책임도 있다. 비전과 목표를 기준으로 현재를 점검하면 누구나 위기의식을 느끼게 된다. 직원들이 위기의식을 느끼지 못하는 것은 미래에 대한 명확한 비전과 목표가 없기 때문일 가능성이 크다. 경영자로서 직원들에게 비전과 목표를 제시하지 못한 것에 관한 자기반성이 필요하다. 그렇다고 직원들에게 "위기의식을 가져라." 하고 다그치기만 해서는 안 된다. 직원들이 공감할 수 있는 비전과 목표를 제시하고 수시로 점검하면서 동행한다는 생각으로 직원들을 이끌어가야 한다.

지금은 4차 산업혁명과 같은 기술의 변곡점이자 코로나19로 모든 분야에 걸쳐 불확실성이 높아지는 시기다. 불경기의 도래, 강력한 경쟁자의 출현, 상황의 변화, 기술의 보편화 등 비즈니스에도 위기의 순간이 수시로 찾아온다. 그런데 이 상황에서 위기의식과 불안을 혼동하는 경영자들이 생긴다. 위기의식이 미래를 준비하는 에너지로서 가치가 있는 것이라면 불안은 위기에 어떠한 대응을 하기보다 막연한 공포를 느끼거나 걱정을 하는 것이다. 불안은 비생산적이고 소란스러운 행동만 일으킨다는 점에서 위기의식과는 확실한 차이가 있다.

위기의식과 불안은 엄연히 다른 감정이고 대응 방법도 달라야 한다. 만일 경영자인데 불안감으로 힘들다면 왜 그런 감정을 느끼는지 파헤쳐 보아야 한다. 불안을 건전한 에너지원인 위기의식으로 전환하지 못한다면 경영자로서 자격 미달이다. 위기의식을 느끼면 어려움을 뚫고 앞으로 나가지만 불안에 압도당하면 작은 허들에도 무릎이 꺾여 주저앉게 된다. 스스로의 위기의식을 고취하고 이를 조직원들과 교감하며 어려움을 극복하는 자양분으로 삼아야 한다. 위기의식을 잘 유지하면 미래로 나아갈 에너지를 얻고 몰입의 강도도 높이고 실행력을 키울 수 있다.

1999년에 창립 30주년을 맞은 삼성은 당시 25조 원이었던 매출을 10년 후 100조 원으로 늘리고 글로벌 IT업계 3위로 진입하겠다는 목표를 발표했다. 혁신에 혁신을 거듭한 끝에 모두 무난히 달성했다. 그럼에도 이건희 회장은 스스로 만족하지 않는다고 밝혔다.

"기업가에게 만족이란 없다. 기업가는 항상 비관적이다. 기업과 위기는 숙명적인 동반자며 기업가는 위기를 기회로 바꿔놓는 사람이다."

조직원들은 위기의식이 고조될 때 경영자에 대한 기대감을 높이고 더욱 집중하게 된다. 그런 절체절명 위기의 순간은 경영자에게 자기 존재를 드러낼 기회이기도 하다. 경영자 스스로 위기의식을 가지고 계획하고 또 준비해야 한다.

# 3
# 가치정립
## 나는 어떤 리더인가

'팀의 승리를 결정짓는 요인은 무엇인가?'

미국 해군 특수 부대인 네이비실Navy SEALs에서 이 흥미로운 과제에 답을 보여주는 실험을 했다. 24개월의 혹독한 훈련을 거치는 중에 1등 팀과 꼴찌 팀의 리더를 교체해 4주의 지옥 훈련을 진행했다. 7명으로 구성된 한 팀은 각종 힘겨운 훈련을 함께하며 철저히 팀 단위로 평가를 받았다. 순위에 따라 혹독한 페널티를 줬다.

결과는 어떠했을까? 리더를 교체하자 꼴찌하던 팀은 단숨에 1등이 되고 1등을 하던 팀은 2등으로 밀려났다. 『네이비씰 승리의 기술』의 두 저자 조코 윌링크Jocko Willink와 레이프 바빈Leif Babin은 "훌륭한 리더의 지도로 팀이 하나로 움직이자 성적이 몰라보게 좋아졌다."라고 평가했다. 팀을 승리로 이끈 훌륭한 리더는 팀원들에게 높은 기준을 제시했고 누구도 비난하지 않았으며 안 좋은 결과가 나와도 '운이 나쁘다.'라는 말로 타협하지 않았다. 리더의 변화가 곧 팀의 변화로 나타났던 것이다.

리더십에 관한 관심이 높다. 리더의 역할에 대해 다양한 주장이 있고 성공 사례도 많다. 그중에서 네이비실의 사례가 인상 깊은 이유는 '나쁜 팀은 없다. 나쁜 리더만 있을 뿐이다.'라는 명제의 중요성을 깨닫게 해주기 때문이다. 네이비실의 리더 교체 실험을 접한 많은 이들이 두 저자에게 "왜 나쁜 리더가 배정된 기존 1등 팀이 꼴찌가 아니라 2등을 차지할 수 있었는가?"를 물었다. 이에 대해 저자들은 "훌륭한 리더가 만든 조직문화가 충분히 뿌리를 내린 덕분이다."라고 답했다. 그들은 이를 '승리의 정신'으로 명명했다. 훌륭한 리더가 만든 승리의 정신은 쉽게 사라지지 않는다는 점을 강조했다.


## 자기 리더상을 자문하고 정립하라

리더의 역할이 중요하다는 것은 누구나 다 안다. 경영자는 여기서 한 발 더 나아가야 한다. '나는 어떤 리더인가?' 스스로에게 묻고 답하며 끊임없이 자기 리더상을 만들어가야 한다. 많은 경영자가 리더가 된 후에야 이 질문을 하기 시작한다. 그리고 스스로 명확한 답을 내놓기 전에 주변에서 객관적 평가를 듣게 된다. 나 역시 스스로 답을 구하기 전에 주변인들의 평가를 먼저 들었다.

일본 법인장으로 6년간의 근무를 마치고 귀국했을 때다. 직원들이 송별회 프로그램에서 그간 내가 했던 일들과 거래선과의 추억을 모아 프레젠테이션을 했다. 내 별명이 '태풍'이라고 했다. 직원들에게 "왜 태풍이에요?" 하고 물어보니 "부임 초기에 업무를 하도 몰아쳐서 정신이 없을 지경이었습니다."라며 직원들끼리 태풍이라는 별명을 붙였다고 했다. 나는 이를 좋은 뜻으로 받아들였다. 그 자리에서 나는 "태풍보다는 '쓰나미'가 되고 싶습니다."라고 답했다.

나는 요란만 떠는 리더가 아니라 진정으로 조직 전체를 혁신하며 이끄는 리더가 되고 싶었다. 태풍의 위력은 대단하다. 육상에서 보면 나무가 뽑히고 지붕이 날아간다. 하지만 태풍이 아무리 요란해도 바닷속으로 들어가면 심해는 조용하다. 이를 조직에 빗대면 임원과 간부는 불호령으로 정신이 없지만 말단 직원은 하나도 바뀌지 않는 것과 흡사하다. 쓰나미는 태풍과 다르다. 쓰나미는 단층과 단층이 만나서 한 층은 위로 올라가고 한 층은 아래로 내려간다. 밖에서는 거대한 파도가 밀려오는 것으로 비치지만 속을 들여다보면 밑에서부터 판을 들어 올려서 전체를 밀어버린다. 에너지 면에서 태풍과 비교할 바가 아니다. 조직으로 보자면 상층부부터 말단까지 완전히 바꾸는 상황에 빗댈 수 있다.

내가 접한 일본 시장은 우리와 큰 차이가 있었다. 일본은 우리보다 선진 시장이기는 하지만 역동성에서는 큰 차이가 있었다. 경직되고 느린 문화는 현재 산업 상황과는 맞지 않았다. 산업의 성장기와 맞지 않는 둔탁한 조직문화를 개선하기 위해 애를 많이 썼다. 직원들을 독려하고 변화시키고자 했다. 그 결과 직원들의 역량이 좋아지고 성과가 커진 것은 큰 보람이었다. 그러는 중에 나를 어려워하는 직원들도 있었다. 그간 나는 직원들에게 역량을 끌어올리라는 주문을 많이 했고 훈련을 충분히 시켰다. 믿음이 가는 직원들에게는 확실하게 위임을 했다. 내게 믿음을 준 직원들은 나를 편하게 생각했고 그렇지 못한 직원들은 나를 어려워했다. 그래도 대부분 "같이 일하기는 힘들었지만 많이 배웠습니다."라는 피드백을 받았다. 나는 6년간의 희로애락을 반추하며 직원들에게 '태풍보다 쓰나미가 되고 싶은 이유'를 설명하는 시간을 가졌고 긴 시간을 함께해준 것에 감사를 했다. 그리고 그 순간 '나의 리더상'에 대해 처음으로 명확한 답을 가질 수 있었다.

본사로 귀국해서 다양한 부서와 사업을 맡는 중에도 '나는 어떤 리더인가?'라는 주제가 중요한 화두였다. 나는 전무부터 부사장과 사장이 되기까지 1~2년마다 새로운 직책과 사업을 맡게 돼 변화가 심했다. 사업이 적자인 경우도 많았다. 그러다 보니 사업을 180도 전환하기 위해서는 너그럽기보다는 절박한 마음으로 야무지게 조직을 운영해야만 했다. 승진했으니 더 열심히 잘해 보겠다는 열정을 품었다. 새로운 사업에 대한 호기심과 문제의식을 가졌으며 적자 해소와 미래 성장을 위해 강하게 추진했다. 그래서인지 나와 함께 일했던 직원들은 "일에 대한 열정이 남다르다." "본질적인 질문을 자주 한다." "잘 들어주고 피드백이 명확하다." 등과 같이 평가했다.

나는 후배들에게 이론적으로 리더의 역할을 이해하기 어렵다면 현장의 선배들을 롤 모델로 삼고 정진해보라는 조언을 자주 한다. 나 역시 리더로 성장하는 과정에서 어깨너머로 선배 경영자들에게 많은 것을 배웠다. 그래서 "리더로서 본받고자 한 분이 있었습니까?"라는 질문을 받으면 선뜻 대답하기가 곤란하다. 너무 많아서 어느 한 분을 짚어내기가 어렵기 때문이다.

2000년대 초반에 일본 법인장으로 근무했을 때 네 명의 사장에게서 각기 다른 리더십을 배울 수 있었다. 당시는 패러다임 전환기였다. 일본에서 주로 새로운 기술과 응용 분야가 창출됐고 주도권 경쟁을 위해 각축전을 벌이고 있었다. 당연히 사장들의 일본 방문도 잦았다. 본사에는 총괄사장, 메모리, 시스템 LSI, LCD 사업을 담당하던 네 명의 사장이 있었다. 1년이 지난 후 사장단의 출장 횟수를 세어보니 30회나 됐다. 평균 한 달에 2.5회꼴로 본사 사장을 접하며 거래선 대응 방식, 사업에 대한 문제의식, 경영 철학, 리더십 등을 두루두루 배울 수 있었다.

그중 한 사례만 소개한다. 여러 부문에서 패러다임의 변화가 있었는데 그중 LCD와 PDP의 경쟁이 가장 치열했다. 나는 그 경쟁에서 LCD 사업 책임자인 이상완 사장이 어떻게 리더십을 발휘해가며 표준화 전쟁을 승리로 이끄는지 옆에서 도우며 배웠다. 그 핵심 전략으로 담대한 목표 설정과 실행, 우군화 전략, 생태계 조성 세 가지를 들 수 있다. 초기에는 PDP가 큰 화면에 유리하다는 게 통상의 관념이었다. 당시 LCD가 생산하는 화면 사이즈는 10인치대가 주류였고 20인치까지가 한계라고 보던 때다. 그러나 이 사장은 LCD의 개발을 독려했고 PDP만 가능할 것이라고 여겼던 큰 화면을 개발해내며 상황을 반전시켰다. 세계 TV 1위였던 소니와 LCD 합작 공장을 설립하는 우군화 전략으로 LCD 진영 세력을 공고히 해나갔다. 또 업계 생태계를 조성하기 위해서 전략적으로 움직였다. 일본 출장 때마다 거래선뿐만 아니라 LCD 패널 제작에 들어가는 각종 설비와 부품 등 관련 업체들을 만나 긴밀한 협력 관계를 유지했다. 과감한 설비 투자를 통해 관련 업계를 LCD 진영으로 끌어들이며 생태계를 구축했다. 초기에는 PDP 대비 LCD의 생산 비용이 더 비쌌으나 점차 LCD 진영이 확대돼 수요가 커지고 관련 산업이 성장했다. 기술 개발과 생산비 절감의 선순환 사이클이 작동되면서 패러다임 경쟁은 LCD 승리로 귀결됐다. 이 과정에서 이상완 사장은 놀라운 전략과 뚝심과 리더십을 보여주었다. 내게 큰 가르침이 됐다.

나의 리더상 정립에는 역사적 인물도 한몫했다. 1980년대『불씨』라는 책을 통해 우에스기 요잔上杉治憲을 알았다. 그는 존 F. 케네디 전 미국 대통령이 가장 존경하는 일본 정치가였다. 부유한 번에서 태어났으나 궁핍한 요네자와 번米沢藩의 번주로 부임해 온갖 어려움을 이겨내며 혁신을 거듭해 번을 부흥시킨 영주大名다. 우에스기 요잔은 부임받은 요네자와 번으로 들어가는 길에 동행한 가신들에게 불씨를 나눠주며 "번을 부흥시킬 때까지 이 불씨를 꺼뜨리지 말자."라고 다짐한다. 그 후 권위와 부패와 맞서 싸웠고 수많은 어려움을 극복하며 개혁에 성공했다. 백성을 사랑하는 마음과 초심을 잃지 않고 추진한 집요한 실행력 덕분이었다.

나는 삼성전자 전무 시절 만년 적자 사업인 하드 디스크 드라이브 HDD 사업부장 직책을 맡고 고민이 깊던 시기에 우에스기 요잔을 떠올리며 리더의 역할과 각오를 다짐했다. 사업부장이 된 첫 주말에 임원들과 회사의 현주소를 파악하고 앞으로 나아갈 방향을 정립하는 워크숍을 진행했다. 나는 모든 임원에게 책『불씨』를 나눠주며 우리가 나아갈 바를 이야기했다. 어려운 상황이지만 사업을 일으켜 보자며 혁신과 의기투합을 강조했다. 이후 HDD 사업은 내외부의 어려운 환경에서도 선전을 계속했다. 품질 불량률을 10퍼센트에서 2퍼센트로 낮추는 데 성공했고 중국으로 공장을 이전해 사업성을 확보했다. 그 과정에서 임직원들은 혁신과 의기투합 정신을 잃지 않았다. 그 후 HDD 사업이 매각됨으로써 혁신은 짧은 기간에 그칠 수밖에 없었다. 하지만 스스로 나의 리더상을 정립하는 소중한 경험이었다.

## 비전과 목표를 한 방향으로 세팅하고 정렬해 실행하라

리더의 역할을 정립할수록 리더가 어떤 일을 해야 하는지 명확해졌고 강한 확신이 들었다. 언젠가부터 리더의 역할을 세 가지로 정립했고 세부적인 전략들을 짜면서 조직을 이끌어갔다.

첫 번째 역할은 비전과 목표를 세팅하는 것이다. 조직에서 비전과 목표는 북극성과 같다. 망망대해에서 방향을 잡고 목표 지점을 찾아가게 해준다. 리더는 조직원들이 지향해야 할 방향성을 비전과 목표로 알려주어야 한다. 조직의 방향성이 없거나 엉뚱한 곳을 향해 나아가는 일이 없도록 신중하게 비전과 목표를 세팅해야 한다.

두 번째 역할은 조직을 한 방향으로 정렬하는 것이다. 리더는 비전과 목표 달성을 위해 회사의 정책과 전략을 수립하고 그에 맞추어 조직에서 일하는 방식을 정렬해야 한다. 아무리 정교하게 만들어진 총이라 해도 총열과 조준선이 일치하지 않는다. 이를 맞추기 위해서는 '영점 조준'을 해야 한다. 조직의 목표를 위해 조직원 각자가 자리를 찾을 수 있도록 목표, 조직, 시스템을 정렬해야 한다.

세 번째 역할은 실행의 리더십을 발휘하는 것이다. 리더는 혼자서 모든 일을 실행할 수 없다. 시의적절하게 의사결정을 하고 위임을 해서 일이 되도록 이끌어야 한다. 올바른 리더십을 발휘해 변화하는 세상에 맞춰 조직을 바꾸어야 한다. 역시 리더가 해야 할 역할이다.

초임 경영자가 되고 나서 선배들에게 "성숙한 리더에게는 다섯 가지 관觀이 있는데 가장 먼저 자아관을 살펴야 한다."라는 조언을 들었다. 타인과의 관계를 정립하는 인간관, 조직에 대한 조직관, 환경과 경쟁에 대한 경쟁관, 업무와 성과에 대한 업무관은 밖으로 향하는 질문이다. 반면 자아관은 나로 향하는 질문이다. 자아관은 '나는 어떤 리더인가?'라는 질문을 통해 정립해나갈 수 있다.

정리하면, 리더는 비전과 목표를 설정해 제시하고 조직과 전략을 한 방향으로 정렬하며 리더십을 발휘해 '비전 실현' 혹은 '목표 달성'이라는 변화를 이루어내는 사람이다. 그러나 그 근간에는 '나는 어떤 리더인가?'라는 확실한 자아관이 공고히 자리를 잡고 있어야 한다. 원하는 리더상이나 리더로서 지향해야 할 모습은 수시로 변할 수 있다. 시대와 상황에 맞게 변화하는 것이 옳은 선택일 수도 있다. 중요한 것은 중심을 지키는 것이다. 질문의 끈을 놓지 않고 변화하며 발전해가는 과정 가운데 성숙한 리더상이 완성돼간다.

# 4
# 업과 변화

## 변화의 본질을 꿰뚫어
## 업을 재정의하라

"당신은 무슨 일을 하는 사람인가?"

흔히 그 답으로 회사명과 직책과 부서를 얘기한다. 명함에 적힌 정보들이 자신의 일을 설명한다고 착각한다. 그러나 명함에 새긴 정보들은 '직職'에 관한 것이지 '업業'에 관한 것은 아니다. 직이 보이는 '자리'라면 업은 스스로에게 부여한 '과업'이다. 업은 뒷전에 묻어두고 직에 연연하는 사람들이 많다. 경영자는 이런 마음을 경계해야 한다. 기업企業이란 업業을 도모하는企 곳이다. 업은 본질과 특성을 모두 아우른다. 본질이란 시간이 지나도 변하지 않는 업의 기본 가치다. 이와 달리 특성이란 시대나 환경에 따라 달라지는 업의 속성이다.

요즘 젊은이들에게 인기가 많은 스타벅스를 예로 살펴보자. 스타벅스는 커피를 파는 곳이다. 1970년대에 시애틀에서 매장 몇 개를 운영할 때부터 전 세계 78개국에 진출해 3만 개에 가까운 매장을 운영하는 그 본질은 지금까지 변하지 않았다. 그러나 업의 특성은 몇 차례 변화를 거듭했다. 변화를 통한 혁신은 스타벅스 성장의 원동력이었다. 1987년에 스타벅스를 인수한 하워드 슐츠Howard Schultz는 공개적으로 "스타벅스가 파는 것은 커피가 아니라 공간이다."라고 천명하며 커피의 높은 질을 유지하는 것과 동시에 부담 없이 커피를 즐길 수 있는 공간의 이미지를 만드는 데도 공을 들였다. 이 두 가지 원칙을 지키며 세계인의 사랑을 받는 기업으로 성장했다.

최근에는 충전식 선불카드와 앱 결제 방식 등을 도입하며 금융업으로 변신을 꾀하고 있다. 선불카드에 돈을 충전하는 주문 방식 하나만으로 금융업을 운운하는 것이 터무니없게 들릴 수도 있다. 그러나 2020년 스타벅스의 선불카드에 충전된 금액은 미국에서만 12억 달러이고 전 세계적으로는 20억 달러(약 22조 2,600억 원)를 넘어설 것으로 추산된다. 이는 미국 지방은행의 현금 보유량을 뛰어넘는 수치다. 스타벅스에 대한 충성 고객들 덕분에 금융업 변신도 가속도를 올릴 것으로 보인다. 지난 30여 년간 스타벅스는 '커피를 판다.'라는 업의 본질은 유지하면서 업의 특성은 공간의 판매와 금융업 등으로 변모해왔다.

스타벅스 사례처럼 경영자가 자기만의 업의 개념을 확립하는 것은 매우 중요하다. 업의 개념이란 '경영자의 통찰이 녹아 있는 업에 대한 재정의'다. 경영자가 업에 대한 정의를 어떻게 내리느냐에 따라 회사의 브랜드와 포지셔닝 등이 달라질 수 있다. 회사의 비전과 전략과도 맥을 같이한다. 그러므로 경영자는 우선 업에 있어 변하지 않는 본질과 변하는 특성을 명확히 구분할 줄 알아야 한다. 그리고 통찰을 통해 업의 특성을 새롭게 규정함으로써 업의 개념을 변신시킬 줄 알아야 한다. 이것이 혁신하는 기업의 기본 조건이다.

## 변화의 본질과 현상을 구분하는 눈을 가져라

경영자는 통찰로 업의 개념을 파악해야 한다. 어떤 변화에서든 본질과 특성(현상)을 구분하는 눈이 필요하다. 겨울 끝자락이 되면 날씨가 따뜻해지고 눈이 녹고 꽃이 핀다. 이것은 계절의 변화로 나타나는 현상이다. 그 안의 숨은 본질은 봄이 온다는 것이다. 수시로 찾아오는 세상의 변화에도 본질과 현상이 있다. 변화라는 현상을 일으키는 본질을 알아볼 수 있어야 한다. 업의 개념에 대한 재정의 역시 변화의 본질을 꿰뚫는 것이어야 한다. 시대의 흐름과 환경의 변화를 주기적으로 확인하고 그 안의 본질을 해석하는 노력이 필요하다.

현재 세계 1위인 삼성 반도체의 메모리 사업은 시대와 환경에 따라 업의 개념을 바꾼 좋은 사례다. 반도체 경영진은 사업 초기에 반도체를 '양심 사업'으로 정의했다. 잘 알려져 있듯 반도체는 웨이퍼라는 얇은 판 위에서 만들어지는데 그 안에 수백 개가 넘는 공정이 담겨 있다. 최종적으로 성능 검사에서 불량품을 걸러내지만 어디에서 불량이 발생하는지 알아내기는 매우 어렵다. 모든 공정에서 불량품을 만들지 않겠다는 의지를 갖고 섬세하게 작업하지 않으면 온전한 제품을 만들 수 없으므로 양심 사업이라고 강조를 했다. 삼성은 이런 업의 개념을 바탕으로 사업을 시작한 지 채 1년도 안 돼 64K D램 양산을 시작할 수 있었다. 업계의 예상을 깬 매우 빠른 행보였다.

아울러 경영진은 반도체는 '타이밍 사업'이라고 강조했다. 타이밍 사업이라는 말에는 두 가지 뜻이 담겨 있다. 하나는 제품 개발의 타이밍이다. 반도체는 제품 출시 후 가격 하락 속도가 매우 빠르다. 따라서 신제품을 가장 먼저 출시한 업체는 고수익을 확보할 수 있으나 후발주자는 이익을 낼 수 없는 업의 특성이 있다. 실제 삼성에서 64K D램을 개발해 판매하자 시장에 공급 과잉이 와서 6개월 만에 가격이 10분의 1로 떨어졌다. 일본 기업들이 삼성을 견제해 가격을 내린 것도 한몫했다. 삼성 경영진은 제품 개발의 타이밍을 놓치지 않아야 한다고 강조했고 제품 개발에 총력을 기울였다. 삼성은 사업 진출 후 10년이 채 안 된 1992년에 D램에서 세계 1위로 올라섰다.

다른 하나는 투자의 타이밍이다. 메모리 반도체 사업은 올림픽 사이클이라고도 부르는 호황과 불황의 사이클을 겪는다. 보통 반도체 기업들은 호황이 시작되는 것을 보고 투자하고 불황일 때는 엄두를 내지 못하고 주춤한다. 그러나 삼성 경영진은 경쟁사들이 투자를 주춤하는 불황의 시기에 과감하게 투자를 하며 성장을 견인했다.

이병철 회장의 신규라인 추가 건설 지시는 매우 유명한 일화로 남아 있다. 당시는 D램 가격이 하락하는 불황의 한복판이었다. 이병철 회장은 반도체 경영진들에게 신규라인 추가 건설을 지시했다. 지시를 받은 경영진들은 갈팡질팡했다. 경쟁이 극심하고 가격이 폭락하는 상황에서 생산라인을 또 지으라고 하니 엄두를 못 내고 차일피일 미루고만 있었다. 어느 날 저녁에 이병철 회장이 전화를 걸어 다음 날 기공식에 참석하겠다고 하고 전화를 끊었다. 부랴부랴 밤새워 기공식을 준비하고 다음 날부터 공사를 시작한 것이 3라인이었다. 이병철 회장은 3라인 완공을 보지 못하고 영면했다. 그러나 3라인이 완공될 때 메모리 반도체의 호황 사이클이 돌아와서 삼성의 도약에 큰 힘이 됐다. 이처럼 삼성이 메모리 반도체에서 세계 1위로 도약하고 굳건히 지킬 수 있었던 건 압도적인 기술 경쟁력과 함께 남들이 두려워하는 불황기에 과감히 투자를 지속했기 때문이다.


## 업은 시대에 따라 개념이 달라진다

'업의 개념은 시대에 따라 달라진다.'라는 명제는 여전히 유효하다. 중국과 같은 신흥국의 도약이 눈에 띄는 최근의 상황에서 반도체 사업의 업의 개념은 '보안'으로 전환되고 있다. 1970년대까지 메모리 반도체 산업은 미국이 시장을 선도했고 1980년대 이후는 양산기술을 앞세운 일본이 세계 패권을 장악했다. 그들을 추격하던 삼성이 1990년대 세계 1위로 올라섰고 30년간 세계 시장을 주도하고 있다. 대단한 역사를 만들어왔다.

최근 들어 중국의 도전이 거세지고 있다. 중국이 국가 차원에서 반도체 사업을 추진하며 막대한 자본을 쏟아붓기 때문에 국내 기업들이 느끼는 위기의식이 아주 높다. 삼성에서 주요 기술과 설비의 블랙박스화를 추구하는 것도 업의 개념을 보안으로 바꾸는 것과 맥을 같이한다. 반도체는 신규기술 개발에 많은 시간과 비용이 들어간다. 새로운 기술이 곧 경쟁력이다. 신규기술은 설비를 통해 구현되므로 설비에 기술이 내재된다. 따라서 제품과 설비를 개발하고 운영하는 인력이 유출되는 것은 가장 큰 위험 요소다. 이런 이유로 반도체 업의 본질이 보안으로 변모한 것이다.

내가 업의 개념에 대해 실질적 고민을 하고 새롭게 업의 개념을 정립해본 것은 삼성SDI 사업을 맡았을 때다. 삼성SDI의 주요 제품은 배터리다. 나는 업의 본질을 '안전'으로 정의하고 제품 개발 때부터 최우선 고려사항을 안전에 집중하도록 강조했다. 이 같은 결정에는 시황과 앞으로 다가올 미래에 대한 나름의 고민이 담겨 있었다. 배터리는 화학적으로 발화성 구조를 가진 특징이 있다. 미래 배터리의 가장 큰 수요처는 전기 자동차다. 자동차는 안전을 최우선으로 한다. 발화성 문제를 근본적으로 해결할 전고체 배터리 연구가 진행되고 있지만 양산까지는 상당한 시간이 걸릴 것으로 보인다. 전기 자동차가 상용화될수록 배터리의 안정성이 더욱 중요해질 것이다. 안전한 배터리는 궁극적인 차별화 포인트가 될 것이다.

일반적으로 제품의 경쟁력은 성능과 가격으로 대표된다. 성능과 가격은 비교 평가가 쉽고 고객의 관심을 쉽게 끌어당긴다. 그에 비해 안전은 눈에 보이지 않고 최종 사용자가 평가하기도 매우 어렵다. 따라서 많은 제품이 성능과 가격을 우선순위로 두고 경쟁력을 확보한다. 하지만 내 생각은 달랐다. 성능과 가격에 집중한 전략은 궁극적인 차별화 전략이 될 수 없다고 생각했다. 중국과 같은 신흥국들은 저임금과 카피캣 전략으로 추격 속도를 높이고 있다. 아직은 기술 경쟁력을 가지고 차별화할 수 있었다. 그러나 화학이나 재료 산업은 IT와 비교해 기술 진보의 속도가 매우 느리기 때문에 제품을 개발하는 사이에 후발주자가 어느새 따라잡을지 안심할 수 없었다. 나는 고민 끝에 소비자가 삼성 제품을 선택하게 할 차별화 전략으로 '안전성'을 도출해냈다. 그리고 안전을 최우선 가치에 두고 사업을 추진해나갔다.

경영자는 기업의 성과에 많은 책임감을 느낀다. 당장 이익 창출이라는 단기 목표에 매달려 앞만 보고 달려야 할 상황이 많다. 나 역시 적자 사업을 흑자로 돌려야 하는 절박한 상황을 여러 번 경험했다. 그러나 그런 때일수록 한발 뒤로 물러나 업의 개념을 다시 살펴보는 경영자의 지혜와 통찰이 필요하다. 돌이켜보면 이익 창출은 목표라기보다 결과에 가깝다. 새로운 고객을 창출하고 온전한 제품과 서비스로 고객을 만족시킬 때 따라오는 자연스러운 결과다. 이때 경영자가 지향해야 하는 목표는 업의 개념을 오롯이 세우고 그에 맞게 조직을 정비해가는 것이다. 지혜와 철학이 있는 경영자는 현장에서 숨 쉬되 현장에 매몰되지 않는다. 새로운 시대의 도래와 환경의 변화를 감지할 수 있도록 늘 깨어 있어야 한다.

# 5
# 품질경영

## 마인드로 접근하고
## 시스템으로 완성하라

경영자들에게 품질에 대한 생각을 물으면 대부분 중요하게 생각한다고 답변한다. 그러나 경영 현장에서 품질을 대하는 방식과 인식을 보면 각양각색이다. 회사에서 품질 이슈가 생기면 담당자에게 일임하거나 결과만을 추궁하기도 한다. 또 품질을 높이는 것은 비용이 많이 드는 일이라고 인식하기도 한다.

품질은 상품이나 서비스의 질이다. 좀 더 근본적 의미는 '성질과 바탕'이다. 기업의 모든 공정은 품질을 기준으로 평가가 가능하다. 그리고 모든 품질을 관통하는 핵심 키워드는 '완벽'이다. 경영자가 품질의 관점으로 경영을 하면 완벽을 추구하는 조직문화를 만들 수 있다. 경영자에게 품질에 대한 이해와 철학이 필요한 이유다.

## 모든 품질을 관통하는 핵심 키워드는 완벽이다

품질에는 여러 종류가 있다. 대표적으로 개발 품질, 생산 품질, 사용 품질, 서비스 품질 등이 있다. 각각의 품질은 평가 기준이 다르다. 개발 품질의 핵심은 성능, 생산 품질은 산포散布, 사용 품질은 내구성, 서비스 품질은 시간이다. 모든 품질은 완벽을 목표로 한다. 공정의 단계별로 품질이 완벽하게 구현되는 방법을 살펴보자.

개발 단계에서 품질은 성능이다. 제대로 기능이 작동돼야 한다. 개발 품질이란 제품의 성능을 높이는 것이다. 제품의 성능이 개발 전에 목표로 한 수준 혹은 그 이상으로 구현돼야 한다. 제품의 성능은 개발에서 책임져야 한다. 생산 단계에서 성능을 올리려고 하는 것은 바람직한 접근이 아니다.

생산 단계에서 품질은 산포다. 똑같은 성능의 제품이 균일하게 나오는 것이 완벽한 품질이다. 생산 현장에서는 '노 스펙 노 워크No Spec No Work.'라는 말을 쓴다. 스펙이 없으면 생산을 해서는 안 된다는 말이다. 어떻게 만들지 생산 조건을 확정한 후 그 조건대로만 생산해야 산포가 적은 균일한 성능의 제품이 나온다. 극단적인 가정으로 만일 기본 세팅이 잘못돼 100퍼센트 불량이 만들어지는 스펙이라면 100퍼센트 불량이 나오는 것이 생산 단계에서는 오히려 품질이 좋은 것이다. 현실적으로는 완벽한 스펙으로 불량률을 최소화하는 것이 생산 단계의 품질 관리다.

사용 단계에서 품질은 고객이 느끼는 만족도를 보증하는 것이다. 고객이 사용 단계에서 흔히 품질을 평가하는 대표적인 요소는 내구성이다. 따라서 회사에서는 내구성을 평가해 보증 품질을 달성한 제품만 판매한다. 보증 품질은 출시 전 혹독한 환경에서 제품을 테스트해 완성한다.

마지막으로 서비스 단계에서 품질은 시장과 고객에게서 발생된 불량과 문제에 대한 대응력이다. 회사는 고객이 느끼는 불만 사항에 대해 신속하게 해결책을 제시함으로써 품질을 완성한다.

경영자라면 구체적인 내용까지는 접근하기 어렵더라도 단계별 품질의 개념과 완성도를 높이는 요소들을 이해하고 있어야 한다. 그래야 현장 담당자와 이야기하거나 지시사항을 전달할 때 그들의 언어로 상황을 풀어나갈 수 있다.


## 시스템과 마인드가 함께 완벽을 추구해야 한다

앞서 강조했듯 품질에서 가장 중요한 것은 완벽의 추구다. 경영자는 모든 직원이 자기 업무를 완벽하게 처리할 것을 요구한다. 그러나 현실에서는 크고 작은 불량들이 수시로 드러난다. 이때 경영자들의 대응책은 '시스템'과 '마인드'로 접근이 가능하다. 시스템적 접근은 구조를 점검해 불량이 생기는 원천을 차단하는 것이다. 마인드적 접근은 각각의 직원들이 완벽을 추구하는 조직문화를 만드는 것이다. 둘 다 완벽해야 일류 품질을 구현할 수 있다. 굳이 순서를 정하자면 마인드적 접근을 선행해야 한다고 생각한다.

삼성의 반도체는 세계 1위라는 수식어가 아깝지 않게 높은 품질을 자랑한다. 이런 품질은 하루아침에 완성된 것이 아니다. 초기 경영자들이 상당한 노력을 들였고 개별 현장에서도 완성도를 높이는 노력이 끊임없이 이어졌다. 삼성이 메모리 반도체를 생산하던 초창기 때의 일이다. 당시 나는 품질 엔지니어로 근무하고 있었다. 생산라인에서 불량이 발생해 사업부장이 사장에게 보고를 했다. 당시 사업부장은 불량 발생이 큰 문제가 아니라고 생각해 가볍게 보고했다. 그런데 사장은 보고받은 직후 제품 출하를 중지했다. 사업부장은 일주일 동안 밤을 새우며 대책을 세우고 문제점을 해결하고 나서 생산을 재개했다.

나는 가까운 거리에서 사장의 결정과 이후 진행 상황을 지켜보았는데 회사가 자랑스러웠다. 급박한 상황이지만 출하 중지를 지시한 사장과 문제를 해결하기 위해 일주일 동안 전력을 다하는 사업부장을 보면서 '이런 회사라면 미래가 있다.'라고 생각했다. 그 후로도 삼성 반도체의 노력은 끊이지 않았고 결국 지금의 '반도체 문화'가 만들어졌다. 삼성 반도체는 다양한 사내 세미나를 진행했는데 '세상에서 사소한 불량은 없다'라는 제목의 강의가 기억에 남는다. 강사인 일본 카메라 회사 출신 고문은 '일본 노부부의 여행'을 사례로 이야기를 풀어나갔다.

노부부는 인생을 정리하는 시간을 가지며 마지막 해외여행을 가기로 했다. 추억을 담기 위해 신제품 카메라를 사서 여행길에 올랐다. 그런데 막상 해외에 도착해 사진을 찍으려니 카메라가 작동하지 않았다. 현지 카메라점에 가니 신제품이라서 수리를 할 수 없다는 이야기를 들었다. 노부부는 여행 내내 사진 한 장을 제대로 찍지 못하고 귀국해야 했다. 그리고 카메라 수리를 맡겼는데 고장의 원인은 '퓨즈 불량'이었다. 굳이 원가를 따지자면 10원 안팎에 불과한 사소한 문제였다. 회사는 점검 차원에서 원인을 찾아보았는데 몇 달 전 생산라인에서 유사한 불량이 발생했다는 것을 발견했다. 하지만 큰 문제가 아니라는 이유로 흘려 넘긴 적이 있었다는 보고가 올라왔다. 이미 문제가 드러난 상황에서 제품이 출하됐던 것이다.

"불량 제품은 수리하거나 새제품으로 교환하면 됩니다. 간단한 애프터서비스입니다. 그러나 그것으로 보상이 됐다고 할 수 있을까요? 나이 든 할아버지 할머니 고객은 이제 다시 해외여행을 가실 수 없을 겁니다. 그분들이 잃어버린 추억은 보상 자체가 불가능한 것입니다."

많은 엔지니어가 그 이야기를 듣고 '사소한 불량이라는 것은 없구나.'라는 걸 깨달았다. 그리고 무결점을 철칙으로 삼아야겠다는 다짐을 했다. 이렇게 마인드를 갖추면 불량을 대하는 현장 업무는 이전과 같지 않다.

나는 대리 직급의 품질 엔지니어였던 시절에 두 명의 부장과 함께 싱가포르 출장을 간 적이 있다. 유명 서버 회사에 제품을 공급했는데 몇백만 개 제품 중에 한두 개 불량품이 혼입된 것이 사건의 발단이었다. 확률로 따지자면 아주 적은 수치였다. 그러나 고객은 "왜 불량품이 혼입되는가?"를 물으며 "불량품이 혼입되지 않을 대책을 마련해 보고하라." 하며 엄청나게 채근을 해댔다. 생산 단계의 문제였다. 나는 생산부장과 기술부장에게 원인과 대책을 요구했다. 하지만 그들은 혼입 불량을 대수롭지 않게 여겼다. 두 부장은 나보다 10년 이상 공장 밥을 먹었고 자기 영역에서 베테랑들이었다. 하지만 예민한 고객의 불량 해결 요구에는 무딘 구석이 있었다. 고객의 요구 사항을 전달해도 알았다고만 대답할 뿐 구체적인 행동은 취하지 않았다.

나는 두 부장에게 출장을 같이 가자고 제안했다. 내 목적은 실제 고객의 목소리를 듣게 하는 것이었다. 두 분에게 저녁 시간에 싱가포르 관광을 시켜주겠다고 하고 직접 품의서를 작성해서 출장 허가를 받았다. 그리고 함께 고객 회사를 방문했다. 아마도 두 부장은 고객과 회의를 의례적인 행사 정도로 생각했을 것이다. 그러나 현장의 분위기는 아주 살벌했다. 고객 담당자는 앞으로 잘하겠다는 말은 귓등으로 들으며 어느 작업자가 뭘 잘못했는지 꼬치꼬치 물었다. 그리고 구체적인 시정안을 요구했다. 두 부장은 내가 고객에게 힐책당하는 현장을 세 시간 동안 지켜봤다. 나는 비록 한마디 말도 거들지 않았지만 그 자체로 소기의 목적을 달성했다.

귀국한 뒤 두 부장의 태도는 이전과는 확실히 달랐다. 하루아침에 불량이 개선되지는 않았지만 '불량에 대충은 없다.'라는 것을 깨달은 것만은 확실했다. 그 후 두 부장은 이대로는 안 되겠다는 생각으로 고객사의 문제 제기에 대응했고 불량률을 낮출 수 있었다.

## 품질에 대한 열의가 위기를 기회로 바꾼다

품질에 대한 열의가 위기를 기회로 바꾼 사례도 있었다. 삼성이 일본 고객사에 메모리 반도체 공급을 시작하고 얼마 뒤 일이다. 일본 반도체 업체들이 세계를 장악했던 시절이다. 일본 고객사의 삼성에 대한 신뢰가 높지 않았다. 신규 공급사인데다 거래를 시작한 지도 얼마 되지 않았기 때문이다. '과연 자국의 공급 거래선과 같은 수준으로 서비스를 진행할 수 있을까?'라는 의구심을 가졌다. 초기에 소량의 물량만 발주했다. 그런데 아니나 다를까 불량이 발생했다.

일본 고객사는 금요일 저녁에 삼성 담당자에게 불량이 발생한 상황을 알렸다. 담당자는 당일에 고객사를 방문해 불량 시료를 받아 그날 밤 비행기 편으로 한국 본사에 보냈다. 본사에서는 즉시 시료를 받아 토요일과 일요일 주말 동안 불량 분석을 철저히 수행했다. 그리고 일요일 저녁에 일본으로 보고서를 보냈다. 일본 고객사는 월요일 아침 출근과 동시에 삼성 담당자에게 불량에 대한 보고를 들을 수 있었다. 고객사 담당자는 깜짝 놀랐다. 삼성에서 불량의 원인과 대책뿐만 아니라 이미 생산된 세트 제품과 잔여 부품의 처리 방향 등을 포함해 자신들이 걱정하고 궁금해하는 모든 사항을 담은 보고서를 작성해 왔기 때문이다.

이 사건은 삼성에게 전화위복의 기회가 됐다. 일본 고객사는 이를 계기로 품질과 서비스에 대한 우려를 내려놓고 수주 규모를 2배로 늘리겠다고 통보했다. 자칫 큰 위기가 될 수 있는 불량 문제에 발 빠른 대처로 삼성은 든든한 거래선을 확보할 수 있었다.

나는 품질 엔지니어로 시작된 이력 덕분에 경영자가 되고부터 "품질 향상을 위해 어떻게 해야 하는가?"라는 질문을 받곤 했다. 그러면 "까다로운 고객을 엄한 선생으로 여겨야 한다."라는 조언을 자주 했다.

삼성은 메모리 반도체에 진출하기 전에 시스템 LSI 반도체를 먼저 시작했다. 시스템 LSI는 초기에 홍콩과 중국 업체들이 주 고객이었다. 그 고객들은 품질보다 가격을 중시했다. 불량품이 혼입돼 있어도 할인해주거나 추가 물량으로 교환해주는 것으로 만족했다. 이런 비즈니스 환경에서 최고 품질을 기대하긴 어려웠다.

그런데 불행인지 다행인지 메모리 반도체는 주 고객이 미국, 유럽, 일본의 일류기업들이었다. 특히 PC의 고객은 HP, IBM 등 세계 초일류기업들이었다. 이들 기업은 문턱이 높았고 품질 요건이 매우 까다로웠다. 비즈니스 성사 이후에도 끊임없이 디테일한 부분의 개선을 요구했다. 메모리 반도체는 이들 기업을 고객으로 해야 했기에 한눈을 팔 수가 없었다. 이들 기업이 요구하는 조건에 품질을 맞추고 수없이 문전박대를 당하며 비즈니스를 성사시켰다. 납품 후에 불량이 나면 이를 해결하기 위해 전사적으로 매달리다시피 했다. 초기부터 품질 관리를 엄격히 하면서 1등 기업으로 성장할 수 있었다.

시스템 LSI도 점차 기술이 좋아져 애플, 퀄컴 등 일류 업체들과 비즈니스를 하면서 일류로 성장하기 시작했다. 나는 이런 과정을 경험하며 '일류 고객이 일류 품질을 만든다.'라는 결론에 도달했다. 내가 다양한 사업 영역에서 고객을 대할 때 중요한 지침이 됐다.

업종과 관계없이 일류 고객은 까다롭다. 비즈니스를 시작할 수 있는 조건과 신제품을 개발해 인증을 받는 절차, 양산과 공급의 합의 사항, 계약 서류 등 하나도 만만한 것이 없다. 하나하나 처리하다가도 어느 순간 '이런 요구 조건을 어떻게 다 만족시키지?' 혹은 '이렇게까지 해서 비즈니스를 해야 하는가?' 하는 마음이 일기도 한다. 그러나 거래가 성사되고 나면 그 까다로운 요건이 글로벌 스탠더드임을 확인하게 된다. 글로벌 일류기업들은 사내 시스템, 프로세스, 제품, 서비스를 모두 최고의 품질로 유지하고 있다. 그렇게 해서 일류 제품을 만드는 일류기업으로 성장했다.

나는 경영자의 품질 철학이 조직문화에도 큰 영향을 미친다고 생각한다. 만약 경영자가 품질을 비용이라고 보고 적당히 물건을 만들어 팔면 된다고 한다면 직원들도 같은 생각을 한다. 반대로 경영자가 완벽한 품질을 추구하고 작은 불량도 허투루 넘기지 않는다면 직원들 역시 같은 생각으로 일류 품질을 위해 열을 올린다. 직원들이 경영자의 철학에 영향을 받는 부분은 품질에만 국한되지 않는다. 직원들이 일을 대하는 자세와 수준과 문화에도 영향을 끼친다. 경영자 스스로 품질에 대한 각오를 세울 때 일류 품질을 만드는 기업을 넘어 일류기업으로 도약할 수 있다.

# 6
# 자기관리

## 자기관리로
## 자세와 철학을 지킨다

한때 '자기 경영'이라는 말이 유행했다. 자기 경영이란 기업을 경영하듯 자기 삶을 경영하라는 뜻이다. 기업 경영의 여러 요소 중에 효율성과 혁신성을 강조하며 24시간을 효율적으로 쓰고 스스로를 혁신해야 성공할 수 있다는 이야기다. 경영자에게 이 정도는 기초 중의 기초라고 할 수 있다. 경영자의 자리에 오를 정도면 능력은 기본이고 남들과 다른 전략적 차별화를 몇 개씩은 이루었을 테니 말이다.

나는 자기 경영 면에서 아쉬움이 적지 않다. 스스로를 잘 관리하기 위해 여러모로 애썼으나 지나고 보니 더 잘할 수 있지 않았을까 하는 부분이 더러 있다. 그래서 '내가 이렇게 했더니 좋더라.' 하는 이야기보다 '이렇게 했으면 더 좋았을 것 같다.'라고 생각하는 점을 포함해서 이야기하고 싶다. 젊고 패기가 넘칠 때는 시행착오를 통해 많이 배운다. 그러나 연륜이 쌓이고 자리가 달라지면 나의 시행착오로 남들이 힘들어지거나 조직 전체가 어려움에 빠질 수 있다. 그래서 젊어서부터 연륜이 있는 선배 등을 통해 배우고 자기 삶에 어떻게 적용할 것인지 체계적으로 계획해서 실행할 필요가 있다. 이런 관점에서 경영자의 자기관리를 접근하면 좋겠다.

## 고민은 하되 걱정은 하지 말자

자기관리에서 가장 먼저 강조하고 싶은 것은 '건강과 컨디션'이다. 많은 이들이 건강과 컨디션에 가장 안 좋은 영향을 주는 것으로 스트레스를 꼽았다. 2008년 세계경영연구원이 국내 기업 CEO에게 실시한 설문조사에 따르면 절반 정도인 45퍼센트가 사장이 되고 잠이 줄었다고 한다. 또 이전보다 83퍼센트가 스트레스를 더 받는다고 답했다. 일과 삶의 밸런스를 묻는 말에 일의 중요도가 69퍼센트이고 개인적인 삶의 중요도가 31퍼센트라고 답했다.

그러나 오히려 나는 스트레스에 무딘 경영자들을 많이 보았다. 나 역시 주변에서 그런 평가를 받았다. 곰곰이 생각해보니 '스트레스를 안 받는 것은 아니나 스스로는 잘 모른다.'라는 결론에 이르렀다. 나만 해도 회사 상황이 좋지 않을 때 잠을 잘 이루지 못하거나 신경성 알레르기로 고생을 했다. 전문가들은 이런 상황에 대해 "자기 보호 능력이 떨어져 자칫 위험할 수도 있다."라고 조언했다. 스트레스를 받으면 스스로 인지하고 조심해야 하는데도 경영자들 상당수가 건강을 해칠 때까지 이를 대수롭지 않게 여긴다.

나는 후배 경영자들에게 스트레스 관리를 강조한다. 가장 좋은 것은 운동, 취미, 명상 등에서 자기만의 방법을 찾는 것이다. 사장 시절 책상에 조용히 앉아서 '왜 마음이 불편한가?'를 생각하며 떠오르는 것들을 적어보곤 했다. 잘 알려진 대로 경영자들이 받는 스트레스의 주요 원인은 '복잡성'과 '불확실성'이다. 집무실에 있으면 올라오는 보고의 90퍼센트는 문제점이다. 복잡하고 불확실한 것들만 사장에게 넘어온다. 마음 같아서는 사장실 문을 닫아걸고 싶지만 보고가 막히면 위기는 금세 찾아온다. 조직 전체가 활력을 유지하며 소통하기 위해 항상 사장실 문을 열어두어야 한다. 그리고 스트레스는 조용히 홀로 정리하는 것이다. 나는 마음이 편치 않은 일과 불안한 점을 종이에 적고 '고민은 하되 걱정은 하지 말자.'라는 독백을 자주 했다. 문제에 대해 적극적으로 고민해서 해결 방법을 찾아보고 결정한 뒤에는 뒤돌아보지 않으려 노력했다. 고민을 충분히 했으면 시간을 더 들인다 해도 같은 결론에 도달할 것이다. 결과가 잘되고 안 되고는 걱정한다고 해서 달라지지 않는다. 그런 생각을 스스로에게 주지하며 조금이나마 스트레스를 줄여나갔다.

주변을 돌아보면 육체적, 정신적 건강 관리를 위해 운동과 명상 등을 많이 한다. 나는 선천적으로 건강한 체질이라 체력은 크게 문제가 되지 않았다. 대신 잠을 잘 못 자면 맑은 정신을 유지하기 어려웠다. 그래서 잠을 충분히 자려고 노력했다. 때때로 점심 식사 후 쪽잠으로 피로를 풀어 오후 시간에 최상의 컨디션을 유지했다. 경영자는 시간에 쫓기고 일에 쫓겨서 사는데 합리적이고 냉정한 판단을 내리기 위해서라도 맑은 정신을 유지해야 한다. 자기 체질을 확인해서 최상의 건강 상태를 유지하려고 노력해야 한다.

## 시간과 네트워크는 체계적이고 효율적으로 관리하라

'시간 관리'는 자기관리에서 빼놓을 수 없는 주제다. 현직 때는 솔직히 시간 관리를 썩 잘하진 못했지만 내 나름의 방법으로 시간을 사용했다. 먼저 매일, 주간, 매월, 매년 해야 할 일의 리스트를 정리한 후 우선순위를 정했다. 매일 아침마다 해야 할 일들의 리스트를 정리하고 심사숙고가 덜 필요한 일부터 처리했다. 지시를 통해서 해야 할 일들은 담당자를 불러 일이 진행될 수 있도록 우선 조처를 했다. 내가 해야 할 일들은 단기간에 간단히 처리할 수 있는 일들부터 처리했다. 그런 방식으로 우선 처리해야 할 일의 절대 건수를 줄였다. 그 후에 시간을 집중적으로 투자해 중요한 일을 처리했다. 그래야 마음속에 해야 할 일들의 건수에 대한 부담이 덜어져 온전하게 집중할 수 있었다. 나의 경우처럼 후배 경영자들도 자기 스타일을 파악하고 그에 맞게 시간을 배분해보길 권한다.

아직 자기 업무 스타일에 감을 잡지 못한 경우라면 어떤 일에 얼마만큼 시간을 사용하고 있는지 리뷰부터 해야 한다. 스티븐 코비 박사의 저서 『성공하는 사람들의 7가지 습관』에서 시간 관리 매트릭스를 소개했다. 중요도와 긴급성을 기준으로 2×2 매트릭스를 만들어 해야 할 일들을 배분하는 방식이다. 중요하고 긴급한 일(1사분면)은 당연히 해야 한다. 중요하지도 않고 긴급하지도 않은 일(4사분면)은 별 가치가 없으니 큰 문제가 없다. 그런데 중요하지만 긴급하지 않은 일(2사분면)과 중요하지 않지만 긴급한 일(3사분면)은 문제가 된다. 3사분면의 일이 많다는 것은 시스템적으로 문제가 있다는 것이다. 이 부분에 대한 원인을 분석해서 근본적으로 줄여나가야 한다. 내 경험상 그 원인은 2사분면을 소홀히 해서인 경우가 많았다. 회사 자원이 2사분면에 집중될 수 있도록 조치해서 3사분면 일의 발생 빈도를 지속적으로 줄여나가야 한다. 그래야 회사도 경영자도 발전할 수 있다.

피터 드러커Peter F. Drucker 는 '기록하고 관리하고 통합하는 방식'을 추천했다. 그는 경영자들은 스스로 중요한 일에 많은 시간을 할애하고 있다고 생각하지만 실제로는 그렇지 않다고 지적하며 기록을 강조했다. 자신이 하는 일과 사용 시간을 정확하게 기록하면서 중요도는 낮지만 시급한 일에 많은 시간을 빼앗기고 있다는 것을 인식해야 한다. 그다음 시간을 낭비하는 비생산적인 활동을 제거해야 한다. 꼭 하지 않아도 될 일과 다른 사람에게 위임할 일 등을 정리하고 반복적으로 일어나는 일은 시스템을 구축하는 방법으로 시간 낭비 요소를 최소화하는 것이다. 그렇게 해서 시간적 여유가 생기면 이를 연속적으로 사용할 수 있도록 통합해서 경영자로서 중요한 일에 집중하라고 권하고 있다.

스티븐 코비와 피터 드러커가 공통으로 강조하는 것은 경영자가 여유 시간을 확보해야 한다는 것이다. 시간을 최대로 활용하겠다며 촘촘히 계획하고 실행하는 것은 바람직하지 않다. 매일 급하게 스케줄만 쫓아가다 보면 자칫 눈앞에 벌어지는 현안에 매몰돼 크게 멀리 깊이 볼 여유가 없다. 마이크로소프트의 빌 게이츠가 6개월 단위로 2주간 사색 주간을 갖는 것은 경영자로서 매우 바람직한 모습이다. 중요한 주제와 전략적 미래 등을 사색하기 위해 시간이 필요하기 때문이다. 그런데 현실은 빌 게이츠와 같이 장기간의 시간을 확보하는 것이 쉽지 않다. 하지만 어떻게든 자신에게 필요한 적정 시간을 확보해야 한다. 그 시간은 누가 대신 만들어줄 수가 없다. 경영자 스스로 시간의 필요성을 인식하고 확보해야 한다.

네트워크도 관리해야 할 대상이다. 경영자가 되면 보통 사내, 대외, 개인 이렇게 세 카테고리로 네트워크가 만들어진다. 사내 네트워크는 임직원과의 관계다. 조직장들과 대화를 많이 하는 스타일이 있는가 하면 직접 조직원들과 소통하면서 사내의 다양한 이야기를 들으려는 스타일도 있다. 각각 장단점이 있다. 어느 쪽이든 경영자는 회사의 상황을 제대로 파악할 수 있는 네트워크를 가지고 있어야 한다. 특히 경영자에게 No(노)라고 확실한 의사를 표현할 수 있고 조직 전체의 이야기를 전달할 수 있는 열린 분위기를 유지하는 것이 중요하다. 경영자 스스로 직원들에게 '사장실 문은 항상 열려 있다.'라는 사인을 주며 소통이 가능하도록 해야 한다.

대외 네트워크는 사업체마다 경영자의 스타일마다 다르다. 보통은 산업계와 학계 전문가들과 교류하고 타 업종 경영자들과도 교류

한다. 다양한 아이디어와 인사이트를 얻기 위해 대외 네트워크를 관리할 필요가 있다. '외부 네트워크가 회사 경영 활동에 잘 활용되는가?'를 자문하면서 효과를 높여가야 한다.

개인 네트워크는 일반 경영자라면 자기관리 영역이 아니라고 생각할 수 있다. 그러나 일상의 긴장과 스트레스를 해소하기 위해 개인 네트워크가 필요하다. 속마음을 털어놓고 상의하며 조언을 구할 수 있는 관계를 갖는 것이 바람직하다. 코칭이나 멘토링과 같은 개인 네트워크로 경영자로서 느끼는 어려움을 해소해가는 것도 좋은 방법이다. 내가 경영자로 입문하는 과정에서 받았던 코칭은 조직원과 나의 관계를 이해하는 데 큰 도움이 됐다. 진즉에 받았더라면 좋았겠다는 아쉬움이 컸다.


## 긍정의 마인드와 기록의 습관을 가져라

나는 앞서 언급한 자기관리 외에 두 가지 노력을 더 해왔다. 첫째는 스스로를 '써니 보이Sunny Boy'라고 생각하며 긍정적인 마음을 유지하려 했다. 어렵고 고민되는 상황들이 연이어 찾아왔지만 '모든 것이 합습하여 선善을 이룬다.'라는 마음으로 위기를 넘겼다. 평소에 긍정적인 독백을 자주 하며 지냈다. 한번은 사장이 되고 나서 주니어 시절부터 틈틈이 써 모아두었던 에세이를 비서에게 건네며 제본을 부탁했다. 도움이 될지도 모르니 읽어봐도 좋다고 덧붙였다. 비서는 제본과 함께 별도로 출력한 한 장을 건네주었다. 읽어 보니 내가 젊은 시절에 동창회에 갔다가 의사, 변호사, 교수가 된 친구들 사이에서 의기소침해져 '나는 회사에서 열심을 다하겠다.'라는 각오를 다지며 쓴 글이었다. 비서는 그 각오로 회사 일을 해 오늘에 이르게 된 것을 축하한다는 뜻으로 그 글을 건넸던 것이다. 긍정적으로 나 자신을 일으켜 세운 지난 일들은 멋진 추억이 됐다.

둘째는 기록하고 정리하는 일이다. 기록과 정리는 나의 오랜 취미이자 습관이다. 연말이 되면 나의 10대 뉴스를 뽑아 생각을 기록해 연도별로 모아둔 지가 20년 가까이 된다. 경험에 대한 소감과 독서 감상문과 상사들에게 들은 교훈적인 이야기들도 차곡차곡 정리해 두었다. 사안이 어렵고 복잡한 것은 핵심과 본질을 꿰뚫기 위해 글로써 풀어보았다. 이 과정은 나의 생각과 주관을 정리하는 데 큰 도움이 됐다. 현직에서 물러난 후에도 글쓰기를 지속했다. 태어나서 사장으로 퇴임하기까지 일대기를 정리하고 퇴임 후 달라진 생활에 관한 생각과 느낌도 글로 적었다. 긍정적으로 생각하려는 노력과 기록하고 정리하는 습관은 마음의 중심을 잡아주는 중심추 역할을 했다. 그리고 나다운 삶을 살도록 해주었다.

누구나 개인적으로 혹은 경영자로서 자신이 지키고 싶은 자세와 철학이 있을 것이다. 이를 자기관리에 녹여낸다면 경영자로서뿐만 아니라 개인의 삶도 더욱 풍성해질 것이다. 경영자의 삶은 때로 도망갈 곳이 없는 막다른 곳 같지만 그 고비를 넘기면 무한한 가능성이 열리는 삶이다. 성실한 자기관리의 습관을 통해 삶을 건강하게 누릴 수 있다.

2장

# 경영의 기본

: 기본에 충실한 프로가 성과를 만든다

# 1
# 위기타파

## 위기 때는 경영자가
## 해결사여야 한다

흔히 비즈니스 세계를 전쟁터에 비유한다. 약육강식과 승자독식의 원리가 작용한다는 이유 때문이다. 장군은 전쟁의 승리를 위해 싸우지만 모든 전투에 나서지는 않는다. 각개 전투의 승패에 일희일비하지 않는다. 다만, 전쟁의 승패가 걸린 전투에서는 반드시 존재감을 드러낸다. 자기 존재감만으로 이번 전투의 중요성을 알리고 전우들의 사기도 북돋운다.

경영자도 마찬가지다. 평상시에는 한발 물러나 큰 그림을 보는 위치에 머물러도 된다. 임원과 조직원들에게 적절한 지시를 내리고 전체를 살피며 관망해도 조직은 잘 돌아간다. 그러나 절체절명의 위기가 닥쳤을 때는 전면에 나서 문제를 해결하는 모습을 보여야 한다.

조직 구성원들이 불안을 내려놓고 위기 극복을 위해 합심하도록 앞서서 이끌어야 한다.

## 위기 때 경영자의 행동이 미래를 좌우한다

위기가 닥치면 경영자는 해결사가 돼야 한다. 회사 경영에서 위기 상황은 다양한 경우가 있는데 그중의 하나가 매각이다. 매각은 회사로서는 그 사업을 접는 것이고 조직원들로서는 자기 직장이 걸린 중대한 일이다. 나는 재직할 때 두 번의 사업 매각을 경험했고 위기 때 경영자의 행동이 회사와 조직원 모두에게 큰 영향을 미친다는 것을 강하게 체감했다.

첫 번째 매각은 2011년 HDD 사업부장 시절에 진행했다. HDD 사업은 당시 삼성전자의 만년 적자 사업으로 천덕꾸러기였다. 나는 2010년 말에 갓 부임한 신임 사업부장으로 사업을 재건해보겠다는 열정을 가지고 뛰고 있었다. 그러나 업계에는 큰 지각변동이 일고 있었다. 경쟁사인 웨스턴디지털Western Digital과 히타치Hitachi가 합병을 발표한 것이다. 두 회사가 합쳐지면 거대한 공룡이 탄생해 절대 강자가 되는 것이다. 이렇게 되니 삼성 최고경영진은 HDD 사업의 미래가 불투명할 것으로 판단하고 씨게이트Seagate에 전격적인 매각을 추진했다. 사업 매각은 전광석화처럼 추진돼 사업부장인 나조차도 통보를 받고서야 알았다. 사업 매각 소식에 솔직히 맥이 풀렸지만 이미 결정된 것을 어떻게 하겠는가. 이내 마음을 가다듬고 사업 책임자로서 전면에 나서 직원들에게 상황을 설명하고 수습에 나섰다.

그런데 엎친 데 덮친 격으로 그해 세계적으로 두 번의 자연재해가 발생했다. 3월 일본 동북부 지진으로 쓰나미가 덮쳤고 후쿠시마 원전 사고가 터졌다. 10월에는 태국 방콕에 큰 홍수가 발생했다. 일본 동북부 지역은 HDD 사업의 재료와 부품 업체들이 모여 있는 곳이고 태국 방콕은 조립업체 단지가 있는 곳이었다. 이른바 공급망이 순식간에 무너진 것이다. 모든 HDD 회사들이 부품 수급을 위해 동분서주하는 틈바구니에 우리 회사도 끼어 있었다. 자연재해로 공급망이 무너진 상태에서 매각을 발표한 회사에 부품을 우선으로 공급하겠다는 곳이 있을 리가 만무했다. 그럼에도 모든 수단과 방법을 동원해 재료와 부품을 조달하며 상황을 해결해나갔다.

사업 매각 중에는 고려해야 할 여러 사안이 있었지만 그중 직원들의 전직 문제가 가장 컸다. 인수 대상자인 씨게이트에서는 직원 중 일부만 전직시키길 원했다. 일부는 전직하고 일부는 잔류로 가닥이 잡혔다. 누가 가고 누가 남을지를 결정해야 했다. 나는 직원들이 불안해하는 요소에 대해 진정성을 가지고 대화하기로 하고 상황에 대한 전반적 이해를 구했다. 전직에 대해서는 직원들에게 자율적으로 결정할 권리를 주되 간담회 등을 통해 적극적으로 내 의견도 전달했다. "대리급 이하 주니어는 전직하지 않아도 좋습니다. 그러나 회사 생활 10여 년 혹은 그 이상 근무한 간부들은 전직하는 것이 좋겠습니다."라고 설득했다. 간부들은 처음에 내가 자신들을 팔아먹으려 한다고 생각했다. 그러나 나의 진심 어린 이야기를 듣고 조금씩 생각이 바뀌었다.

"당신은 이 분야에서 10년 이상 경험을 가진 엔지니어입니다. 회사 잔류를 원하면 다른 사업부에 전환 배치될 겁니다. 1~2년 정도는 평균 고과를 보장하겠지만 이후는 그 사업부 동료들과 무한 경쟁을 해야 합니다. 그 동료들은 그 분야에서 10년 이상 근무한 베테랑인데 경쟁에서 이길 자신이 있는지요? 경쟁에서 지면 앞으로 5년 후 쓸쓸히 회사를 떠나게 될지도 모릅니다. 반면에 전직할 경우를 생각해봅시다. 삼성에서는 천덕꾸러기 사업부에 근무하는 엔지니어로 취급을 받았지만 씨게이트는 세계 1, 2위를 다투는 회사입니다. 당신이 전직한다면 세계 일류 엔지니어들과 어깨를 나란히 하고 경쟁하게 될 겁니다. 그들을 실력으로 앞선다면 어깨를 당당히 펴고 세계 일류 엔지니어 대접을 받으며 생활할 수 있을 겁니다. 나라면 후자를 택하겠습니다. 당신 생각은 어떤가요?"

처음엔 긴가민가했지만 나의 이야기를 듣고 일리가 있다고 생각한 간부들이 늘어나면서 전직 희망자들이 많아졌다. 씨게이트와도 협상을 했다. 씨게이트는 삼성에서 전직한 직원들이 안정적으로 근무할 수 있을지 불안해했다. 그래서 전직할 때는 보너스를 조금 주고 나머지는 전직 이후 일정 기간이 지나면 주는 것을 제안했다. 나는 반대했다. 나눠서 주는 보너스를 모두 합치고 금액도 더 올려 일시금으로 줄 것을 제안했다. 대신 씨게이트에서 제시한 기간 안에 떠나면 그 돈을 모두 반환하는 조건을 달았다. 씨게이트는 나의 제안을 받아들였다. 직원들은 목돈을 받아서 좋았고 나는 전직한 직원들의 고용 안정을 확실히 보장할 수 있어서 좋았다.

나는 사업 매각 전 과정에서 매각을 결정한 배경과 이후 프로세스를 투명하게 공개했다. 이직에 대해서도 직원들의 의견을 반영하겠다고 한 약속을 지켰다. 일본 동북부 쓰나미 사태와 태국 방콕 홍수라는 두 번의 자연재해로 어려움이 가중됐다. 하지만 이 모든 것을 극복하고 12월 말 매각 작업을 완료할 수 있었다.

두 번째 매각은 제일모직 사장으로 재직할 때 진행했는데 2016년에 케미칼 사업을 롯데그룹에 매각했다. 삼성그룹은 몇 년 전부터 케미칼 관련 사업을 정리하고 있었다. 이미 2014년에 삼성토탈과 삼성종합화학을 한화그룹에 매각했고 2016년에는 제일모직의 케미칼 사업, 삼성정밀화학, 삼성BP화학을 롯데그룹에 매각했다. 삼성정밀화학과 삼성BP화학은 회사 전체를 매각했지만 제일모직의 케미칼 사업은 분사해 매각했다. 내게는 첫 번째 매각보다 더 힘들고 어려운 작업이었다.

이때는 초반에 직접 나서지 못했다. 회사 전체가 아니라 일부 사업부를 분사해 매각하는 것이니 사장보다는 직원들과 같이 전직을 할 사업부장이 나서는 것이 좋겠다는 주변 조언이 많았기 때문이다. 그러나 사업부장이 나서자 사원들의 반발이 극심했다. 특히 같이 매각되는 다른 회사는 사장이 직접 나서서 설명회를 하는 등 노조와 원만하게 합의했기 때문에 더욱 대비됐다. 직원들은 '좋은 사장은 직원과 함께 가고 나쁜 사장은 직원을 버린다!'라는 플래카드를 들고 항의를 했다. 사원들 심정을 이해할 수 있었다.

'직장이 팔리는 것도 서러운데 사장이 얼굴도 보이지 않으니 얼마나 화가 날까.'

주위의 만류를 무릅쓰고 전면에 나서기로 했다. 이때도 직원들의 전직이 가장 중요한 사안이었다. 전과 같이 삼성그룹에서 비주류로 잔류하는 것보다는 케미칼을 주력으로 하는 롯데그룹에서 제대로 된 역량을 펼치는 게 좋겠다고 직원들을 설득했다. 별도로 롯데그룹 사장을 만나 직원들을 부탁하기도 했다. 결국 몇 개월의 시간을 들이며 원만히 합의를 이루고 매각을 할 수 있었다.

## 상황이 어려울 때 직접 나서는 게 경영자다

나는 두 번의 사업 매각 경험을 통해 세 가지 교훈을 얻었다. 첫 번째 교훈은 어려울수록 경영자가 전면에 나서야 한다는 것이다. 첫 번째 매각 경험인 HDD 사업 때는 전면에 나서서 직원들과 대화를 했으나 두 번째 매각인 케미칼 사업 때는 초반에 직접 나서지 못했다. 이 둘은 진행되는 양상이 달랐다. 경영자가 전면에 나서지 않으니 직원들의 동요가 훨씬 심했다. 반면에 경영자가 전면에 나서면 그 자체로 위로를 받고 불안을 덜 느낀다. 물론 경영자도 이렇게 위기를 헤쳐 나가는 과정에서 많은 것을 배운다.

두 번째 교훈은 조직원들과 진심으로 소통해야 한다는 것이다. 사업 매각은 비즈니스적 판단에 따라 합리적이고 이성적으로 이루어진다. 그러나 직원들과의 대화에서 이 부분을 강조하면서 대화를 시작하면 원만히 진행되지 않는다. 회사의 판단이 어떤 배경에서 이루어졌는지 직원들이라고 모르지 않는다. 중요한 건 이성을 넘어서는 그들의 감정이다. 서운한 마음은 어쩔 수 없다. 경영자는 직원들의 마음을 먼저 이해하고 공감해야 한다. 나는 간담회든 설명회든 직원들과 대화를 많이 하려고 애를 썼다. 대화 상대로 나온 직원들은 평상시와는 사뭇 달랐다. 대부분 실망과 배신감에 격앙돼 회의장에 나왔다. 직원들에게 그간의 사정을 터놓고 회사에서 노력하고 있는 부분을 꾸밈없이 이야기하면서 얼어붙은 분위기가 조금씩 풀리는 것을 느꼈다.

세 번째 교훈은 매각하기 전에 회사의 기술 경쟁력을 높여야 한다는 점이다. 실제 임직원들 사이에서 "어차피 팔 회사인데 경쟁력을 높여서 무엇을 한단 말인가." 하는 이야기를 들었다. 그러나 뚜껑을 열어보면 그렇지 않다. 내가 경험한 두 회사는 사업 경쟁력이 없었던 것이지 기술 경쟁력이 없었던 것은 아니었다. 회사의 여러 여건상 사업을 유지하는 것이 유리하지 않은 것이지 기술이 뒤떨어져 사업을 포기하려던 것이 아니었다. 특히 HDD 사업의 경우 매각 과정에서 씨게이트에서 실사를 나왔다가 삼성의 기술과 제품을 보고 깜짝 놀라기도 했다. 사업 인수 후에는 자신들의 2.5인치 제품 플랫폼을 버리고 삼성의 2.5인치 플랫폼을 채택했다. 이렇게 되니 씨게이트로서도 앞서 소개한 전직 직원들의 상여금 인상과 직원 보존 프로그램 등을 흔쾌히 받아들일 수 있었다.

케미칼 사업도 마찬가지였다. 제일모직 사장 부임 후 폴리카보네이트Polycarbonate 제품 경쟁력을 집중적으로 높이는 데 주력했다. 실제로 제품 경쟁력이 상당히 높아진 상태에서 매각이 이루어졌다. 매각이후 인수 기업에서 삼성의 폴리카보네이트 경쟁력을 높이 평가했다는 이야기를 들었다. 결과적으로 기술 경쟁력이 높으면 매각이 될지라도 유리한 고지에서 협상할 수 있고 전직한 직원들의 직무 안정성도 높일 수 있다. 다시 이야기하면 매각이 결정됐다고 기술 경쟁력을 게을리하는 것은 어리석은 짓이다.

위기 앞에서 쉽게 포기하지 않고 직원들과 진심으로 소통하며 경쟁력을 키워 가치를 높이는 것은 바로 경영자의 몫이다. 경영자가 직접 나서서 진정성 있게 최선을 다해 위기를 헤쳐 나가는 것은 당연하다. 좋을 때보다 상황이 어려울 때 전면에 나서야 한다. 그게 경영자의 의무다.

# 2
# 업무파악

## 경영자의 첫 미션은
## 초기 성공의 확보다

새로운 대통령이 취임한 후 100일이 되면 언론사는 지지율 조사를 대서특필한다. 이때의 지지율을 일종의 초기 성적표로 간주한다. 대통령뿐만 아니라 국민에게 지난 100일은 대통령의 능력을 확인하는 중요한 시기이기 때문이다. 이 시기에 국정을 파악하고 국가 운영의 큰 그림을 보여주어야만 국민의 지지를 얻을 수 있고 향후 국정 운영에 힘을 받을 수 있다.

이 같은 상황은 기업을 이끄는 경영자에게도 똑같이 벌어진다. 100일의 평가는 이후에도 지대한 영향을 미친다. 물론 이때 좋은 평가를 받지 못했다고 해서 자리에서 쫓겨나는 일은 없을 것이다. 하지만 잠재력을 발휘해 조직을 쇄신하는 데는 곱절의 노력이 필요하게 된다. '업무파악'은 신임 경영자의 '초기 장악력'에 지대한 영향을 미치는 과제다. 그러나 경영자들과 예비 경영자들을 만나보면 대다수가 이를 잘 모르고 있었다. 나 역시 업무파악을 위해 제대로 된 솔루션을 구현하기까지 여러 번의 시행착오를 거쳐야 했다.

경영자가 돼 사업을 맡게 되면 열정이 넘친다. 최단 시간에 회사의 상황을 파악하고 신속히 개입해 진두지휘하고 싶어 한다. 눈앞에 보이는 것마다 문제로 보이고 과거의 관행은 모두 바꾸고 싶어 한다. 그것이 혁신이라고 생각한다. 그리고 자신의 이전 업적이나 공로에 집착해 새로운 자리에서도 이전의 자기 방식을 고수하려 한다. 혹은 초심자의 열정으로 너무 많은 것을 시도한다거나 사내 네트워크를 제대로 형성하지 못해 협력관계를 구축하는 데 실패하는 등 많은 시행착오를 경험한다.

그러나 결론부터 이야기하면 업무파악을 새로운 학습으로 받아들여야 한다. 회사의 상황과 업무의 내용을 제대로 파악하고자 노력해야 한다. 제대로 상황을 파악한다는 것은 현재에 매몰되지 않고 입체적으로 본다는 의미이다. 현재는 모두 과거의 산물이다. 과거부터 앞으로 나아갈 방향까지 전부를 볼 수 있어야 한다. 큰 흐름을 먼저 이해하고 정책과 전략의 방향을 잡아야 한다. 그 후에 경영자는 자신과 함께할 경영팀을 만들고 조직문화를 쇄신할 수 있다. 이때 '작은 성공small success' 사례를 만드는 것이 중요하다. 작은 성공 사례는 신임 경영자의 능력을 보여주고 직원들의 신뢰를 높이는 중요한 분기점이 된다. 서두르다 보면 꼭 실수가 생긴다. 바른 방법도 아니고 빠른 방법도 아닌 것들에 귀한 시간을 허비해선 안 된다. 100일은 긴 것 같지만 초임 경영자에게는 절대 길지 않은 시간이다.


## 업무파악을 4단계로 하고 방향을 설정하라

나는 사회생활을 하는 내내 삼성이라는 하나의 조직에 머물렀지만 여러 보직과 사업 영역을 오가며 새로운 업무와 숱하게 맞닥뜨렸다. 직무로는 품질 엔지니어, 경영 진단, 해외 영업, 마케팅 등을 경험했고 사업으로는 반도체, HDD, LED, 제일모직, 삼성SDI 배터리를 경험했다. 나는 직무가 바뀌고 새로운 사업을 맡을 때마다 회사와 사업의 히스토리 이해 – 개요 파악 – 의견 청취 – 벤치마킹의 4단계를 거쳐 단기간에 업무를 파악하고 방향을 설정했다. 독자 각자의 자리나 상황에 따라 필요한 단계만 취사선택해도 좋다.

1단계는 회사와 사업의 히스토리를 이해하는 것이다. 나는 새로운 보직을 맡으면 다양한 채널을 통해 그 사업의 히스토리를 알고자 했다. 현직 종사자뿐만 아니라 과거 경험자 등 여러 통로를 활용해 그 사업이 현재까지 오면서 있었던 굵직굵직한 이슈들, 회사의 경영 방향이나 문제점 등에 대해 거론됐던 키워드 등을 살폈다. 이런 과정을 거치면서 사업의 본질과 거시적으로 지향해야 할 방향성 등을 파악할 수 있었다. 사업에 들어가 현실에 매몰되기 전에 큰 그림을 먼저 이해하는 것이다. 나무를 보기 전에 숲을 파악하는 방식이다.

2단계는 사업 내용으로 들어가 전체 개요를 살펴본 후 세부 내용을 파악하는 것이다. 사업 내용을 종단적, 횡단적으로 들여다본다. 주요 보직을 맡은 책임자들의 의견과 함께 다양한 직급의 의견을 듣고 현상의 목소리도 듣는다. 조직별로 현황을 파악하고 의견을 수렴한다. 이 과정에서 특히 많은 질문을 던졌다. 보고를 받으며 업의 개념, 구조적 문제점, 미래 방향성 등 본질적인 질문을 많이 했다. 나의 질문에 직원들은 당황해했다. 처음 받는 질문들이었기 때문이다. "수십 년간 이 일을 해왔지만 그런 생각은 해본 적이 없었습니다."라는 솔직한 반응을 듣기도 했다. 직원들에게 창피를 주자는 것은 결코 아니었다. 질문과 답변을 하는 과정에서 나는 사업에 대해 이해를 하고 임직원들은 사업과 일의 본질에 대해 새롭게 인식하는 계기가 되기를 바랐다. 어느 정도는 그 목적이 이루어졌다고 생각한다.

3단계는 주변 이해 당사자의 의견을 듣는 것이다. 나는 거래선, 협력업체, 투자자들을 통해 회사에 대한 평판, 강점, 개선할 점 등을 들었다. 내부에서 인식하는 것과는 전혀 다른 피드백을 받기도 했다. 또 전임 경영자와 퇴임한 임원들에게 의견을 구했다. 그들은 구현하고 싶었던 회사의 모습과 개선할 점 등에 대해 피드백을 주었다. 회사를 사랑하는 마음이 전달되는 소중한 조언이었다. 그 과정에서 나는 현재의 상태와 문제점을 최대한 입체적이고 객관적으로 파악하려고 노력했다. '안에서 보는 우리의 모습'과 '밖에서 보는 우리의 모습'이 전혀 다를 수 있다는 것을 깨달았다.

4단계는 벤치마킹을 시도하는 것이다. 흔히 벤치마킹은 경쟁 기업의 경영 방식이나 혁신 기법을 배우는 전략으로 이해되는데 복제나 모방과는 다른 개념이다. 경쟁 기업이나 선도 기업의 장단점을 분석해 자사의 제품을 업그레이드해 시장 경쟁력을 획득한다는 개념이다. 나는 벤치마킹을 『손자병법』의 지피지기 백전불태知彼知己 百戰不殆의 실천법이라 생각한다. 단순히 제품에서 그치지 않고 우리 조직의 문제점을 직시하고 개선 방향을 찾아내기 위해 경쟁사를 벤치마킹할 수 있어야 한다. 벤치마킹은 동종업종뿐만 아니라 다른 업종에도 적용된다. 전혀 다른 업종을 벤치마킹하는 것은 우물 안 개구리의 시야를 넓혀주는 데 크게 도움이 된다. 다른 차원으로 더 넓은 시야로 회사의 모습과 수준을 점검할 수 있다. 문제점의 해결점도 찾을 수 있으니 일거양득이라 하겠다.


## 새로운 자리는 늘 새로운 것을 요구한다

10년 전 『계간 맥킨지』에 실린 「신임 CEO에게 드리는 편지」를 본 기억이 있다. CEO 업무 정착을 위한 열 가지 조언 중에 다섯 번째가 임기 초기에 해야 할 기본적이고 중요한 일은 최고의 경영 팀을 꾸리고 이해관계를 구축하는 것이었다. 나는 4단계의 업무파악을 거치며 기존 팀들의 동기, 역량, 업무 스타일을 파악했고 최고의 경영 팀도 함께 꾸려나갔다. 사업에 대한 폭넓은 이해와 조직에 대한 정보 축적이 경영 팀 구성에도 매우 큰 도움이 되었다.

보통 업무파악을 마치고 나면 전략의 방향성을 잡고 키워드를 뽑게 된다. 그런데 그에 앞서 책임자로서 스스로 생각을 정리하는 것이 중요하다. 경영자가 그리는 회사의 미래 모습을 경영 팀 혹은 태스크 포스팀TFT과 공유하기 위해 워크숍을 진행하며 실질적인 중장기 전략을 수립한다. 그 후에 조직 차원으로 확장해 직원들과 나아갈 방향과 개선할 문제점 등을 공유하고 실질적인 계획을 수립해 추진한다.

"한 사람의 꿈은 꿈에 그치지만, 만인의 꿈은 현실이 된다."

칭기즈칸이 한 말이다. 경영자로서 나는 이 말을 좋아해서 자주 언급했다. 사업을 추진하는 과정에서 일관성과 지속성을 가져야 한다고 생각했고 직원들에게도 그렇게 강조했다. LED 사업부장 시절에는 내게서 칭기즈칸의 말을 자주 들은 직원들이 1만 직원들의 얼굴 사진을 모아 내 얼굴 사진을 크게 만들어 액자로 선물해주었다. 사업부장과 직원들이 함께 만인의 꿈을 현실로 만들자는 뜻이었다. 이제까지 받았던 가장 감동적인 선물이었다. 지금도 사무실에 걸어두고 보고 있다. LED 사업부장 시절에 나는 전구와 형광등 등 우리 일상의 조명이 LED로 바뀌는 세상을 미래 비전으로 제시하며 개발, 제조, 영업 거래선의 쇄신을 추진했다. 초기 100일간 심도 있게 업무 파악을 한 후에 추진 계획이 수립됐고 재임 기간 내내 흔들리지 않았다. 초기 성공을 확보해 조직원들의 지지를 끌어낸 성공적인 경험이었다.

나는 요즘 코칭과 경영 자문을 통해 신임 경영자들을 만나고 있다. 그러면서 신임 경영자들이 업무파악 단계를 좀 더 충실하게 임하고 활용했으면 하는 아쉬움을 느끼고 있다. 유능한 관리자들조차 경영자의 자리에 오르면 의미 있는 변화를 만들어내는 데 실패하는 경우가 많다. 이유가 무엇일까? 새로운 일을 할 준비를 하지 않기 때문이다. 새로운 자리는 늘 새로운 것을 요구한다. 이를 수용하고 자신을 바꾸어야 한다. 그런데 막상 인사이동이나 승진 발표가 나면 마음가짐을 새롭게 하기도 전에 현업에 뛰어들기 바쁘다. 승진해서 자리가 위로 올라갈수록 어렵고 복잡한 문제가 많다. 업무파악은 새로운 일의 시작이라 할 수 있다. 숲과 나무를 함께 보는 전략을 취해야 한다. 현재에 매몰돼서도 안 되고 내부의 이야기에 갇혀서도 안 된다. 그야말로 입체적으로 안팎과 위아래 모두를 파악해야 한다. 그러기 위해서는 새로 맡은 조직과 사업을 충분히 학습해야 한다.

다시 강조하지만 초심자는 지름길의 유혹에 넘어가선 안 된다. 회사의 상황과 업무를 충분히 파악한 후 변화를 시도하는 것이 가장 빠른 방법이고 가장 올바른 방법이다. 이 시기를 잘 보내 안팎에서 초기 성적표를 잘 받는다면 조직은 이미 변화의 에너지가 충만한 상태가 된다. 이후 조직은 경영자가 원하는 방향으로 힘 있게 나아갈 것이다.

# 3
# 문제해결

## 문제의 근원을 찾는
## 질문력을 키워라

비즈니스 현장에는 사건, 사고, 문제가 끊임없이 발생한다. 경영자에게는 항상 해결해야 할 문제들이 따라다닌다. 나는 이런 고충을 토로하는 경영자에게 "질문력을 올려보세요."라는 조언을 자주 한다. 경영자의 질문력은 문제해결력과 직결된다. 일반적으로 문제점은 보고를 통해 올라온다. 문제를 보고 받으면 경영자는 다양한 상대와 대화를 하며 각각의 요소들을 파악해나간다. 경영자가 질문을 제대로 할 수 있다면 탐색 과정이 수월해지고 다양한 시도가 가능해진다. 결과적으로 경영자의 문제해결력은 질문력에 의해 좌우된다고 할수 있다.

나는 경영 진단 업무를 하면서 질문의 중요성에 대해 제대로 인식하게 되었다. 경영 진단은 삼성그룹 각사에 대해 사업을 진단하면서 문제점과 개선 방향을 제시하는 업무였다. 경영 진단 기간은 보통 한 달 남짓이었다. 한 달 안에 회사의 모든 현황과 문제점을 파악해야 했다. 시간이 너무 부족했다. 초기에는 급한 마음에 궁금한 것을 마구 물어보며 들은 답변을 모아보았는데 자료로 쓸 만한 것이 거의 없었다. 마음이 쫓기니 오히려 시간을 헛되이 쓰고 말았다.

그제서야 제대로 된 질문을 던져야 제대로 된 답변이 나온다는 것을 깨달았다. 제대로 된 질문이란 사업 경영에 있어 가장 본질적인 질문들이었다. "사업의 업의 개념은 무엇인가?" "핵심 경쟁 요소는 무엇인가?" "미래 비전은 무엇이고 달성 전략은 무엇인가?" "예상되는 문제점은 무엇인가?" 나는 이런 질문들을 통해 복잡한 현안들에 매몰되지 않고 본질적이고 거시적인 관점으로 해당 사업을 바라볼 수 있었다. 질문의 중요성과 함께 질문자의 내공이 답변의 질을 좌우한다는 것을 깨달았다.


## 개선보다 근원적 해결의 질문을 하라

성장하는 직원들은 대체로 질문이 많다. 나는 이 부분을 매우 긍정적이라고 생각하고 후배들에게도 되도록 많은 질문을 하라고 독려한다. 경영자가 되는 과정에서 나 역시 의사결정뿐만 아니라 궁금한 것, 모르는 것, 호기심이 가는 것을 자주 묻는 습관을 지녔다. 답변을 통해서 궁금증이 해소되고 지식과 지혜를 얻을 수 있으니 1석 2조,

1석 3조의 효과가 있다. 한번은 부사장 시절에 이건희 회장과 중식 간담회를 할 기회가 있었다. 자유롭게 질문을 할 기회가 있어 평소 궁금해하던 것을 물어보았다.

"회장님은 회사에 자주 오시지 않는데 어떻게 그렇게 사업을 잘 파악하고 계십니까?"

예나 지금이나 이건희 회장의 촌철살인 질문과 통찰력은 많은 화제를 뿌렸다. 매일매일 출근해 보고를 받지 않으면서도 업의 개념과 나아갈 방향에 대한 확실한 비전을 제시했고 후배 임직원들에게도 많은 가르침을 주었다. 나는 이런 통찰력이 어디에서 시작되는지 궁금해 이건희 회장에게 질문을 했다. 이건희 회장은 삼성이 전자 세트 사업을 시작하기 전 일본인 전문가와 밤을 새워 질문하며 대화한 이야기를 한참 동안 해주었다. 나는 이야기를 들으며 이 회장의 호기심, 열정, 다양한 지식, 문제의식에 놀랐다. 그리고 경영자로서 '질문력'이 '통찰력'과 일맥상통한다는 것을 깨달았다.

직급이 올라갈수록 질문의 수준도 올라가야 한다. 가장 낮은 수준의 질문은 궁금한 것을 즉흥적으로 묻는 것이다. 가장 수준 높은 질문은 본질적인 질문이다. 이건희 회장이 즐겨 묻던 '업의 개념은 무엇인가?'와 같은 것이다. 경영자는 직원들에게 본질에 접근할 수 있도록 질문을 하고 그럼으로써 스스로 답을 찾을 수 있도록 이끌어야 한다. 그래야 좋은 질문이라 할 수 있다.

설비 고장이 잦은 기업 상황을 예로 들어보자. 고장이 발생하면 직원은 그 고장의 현상, 원인, 개선 방향을 설명한다. 이것은 "고장이 왜 발생했느냐?"라는 질문에 대한 답이다. 만일 여기서 경영자가 "고장이 왜 '자주' 발생하느냐?"라고 묻는다면 어떠할까? 당면한 고장의 현상과 원인보다 더 본질적인 답변을 기대할 수 있다. 작업자의 일하는 방식, 기기의 오작동 여부, 시스템의 개선점 등을 답변자가 폭넓고 깊게 고민해볼 수 있는 질문을 던져야 한다.

사실 '왜?'는 내가 경영 일선에서 자주 하던 질문 형식이다. 경영자는 회사 전반에 대해 알아야 한다. 하지만 설비가 고장 나는 경우와 같은 세부적인 사항까지 챙기기는 힘들다. 담당자는 고장이 날 때마다 현상, 원인, 개선 내용을 이야기한다. 경영자로서는 전문 영역을 맡고 있는 담당자보다 더 잘 알기도 어렵고 더 좋은 의견을 내기도 쉽지 않다. 또 더 좋은 의견을 내는 것이 경영자의 역할도 아니다.

그보다 나는 '그런 고장이 왜 자꾸 발생하는가? 앞으로는 고장이 발생하지 않겠는가?'를 더 중요하게 생각했다. 단순히 한 번의 고장을 수습하는 데서 끝날 것이 아니라 고장을 일으키는 근본적 원인을 해결해야 한다는 점을 주지시키고자 했다. 질문을 바꾸면 실무자도 다른 대답을 하게 되고 스스로 해결점을 찾기 위해 다양한 고민을 하게 된다. '발생한 문제를 어떻게 개선하는가?'를 넘어서 '근본적으로 문제가 발생하지 않기 위해서 어떤 노력을 해야 하는가?'로 시각을 전환하게 하는 것만으로도 다수의 문제가 해결되기도 했다.

## 질문을 통해 동기부여하고 자기 변화를 끌어내라

경영자는 의사결정 과정에서도 직원들에게 "어떻게 했으면 좋겠나?" "당신 생각은 무엇인가?"를 자주 물어야 한다. 직원들의 의견을 묻는 것은 그 자체로 동기부여가 된다. 그리고 담당자가 파악한 상황을 여과 없이 듣는 것은 의사결정을 위한 정보 축적에도 효과적이다. 나는 사장 시절에 많은 질문을 던지면서 되도록 직원들이 자기 의견을 가지고 대답하게 유도했다. 자신 있게 의견을 말하는 직원이 있으면 격려하며 적극적으로 개진하도록 했다. 그의 의견에 수긍이 가면 그대로 실행하게 했다. 만일 나와 생각이 다르거나 미흡한 게 있으면 추가 질문과 협의를 통해 조정했다.

반대로 상사의 지시만 들으려고 하면 '자기 의견'을 가지고 다시 오라고 하며 돌려보냈다. 여기에는 크게 두 가지 이유가 있었다. 첫째, 자기 의견 없이 상사의 지시를 받아 일하려는 직원은 주체성과 책임감이 없다. 일이 잘못되면 상사가 시켜서 한 일이라고 책임을 회피한다. 자기 일을 스스로 책임지지 않는 문화는 바람직하지 않다. 주체적으로 의견을 내고 책임을 지도록 해야 조직이 성장한다. 둘째, 모든 일은 담당자가 가장 잘 알고 있어야 한다. 알게 되면 자기 의견이 생긴다. 자기 의견이 형성되는 과정은 훈련이 필요하다. 지식도 없고 의견도 없는 직원이 중간관리자나 리더가 되면 조직에 큰 폐해가 된다. 직원들을 성장시키고 훈련하기 위해 일부러 직원들을 돌려보내는 경우가 많았다.

의사결정 과정에서 직원들에게 질문을 많이 하면 생각이 확장되고 애매한 것들이 좀 더 명료해진다. 나는 뭔가 복잡한 생각이 들 때는 '뭐 때문에 이렇게 생각이 복잡할까?' '지금 가장 중요한 것은 무엇일까?' '무엇부터 처리해야 하나?' '어떻게 해야 하나?' 하며 스스로 질문하고 답을 정리해본다. 질문하고 답하면서 복잡하게 느껴졌던 사안들이 빠르게 정리되는 것을 경험할 수 있다. 질문을 통해 가장 깊숙한 곳을 들여다보면 의사결정의 효율성이 높아진다.

삼성에서 경영자를 양성하는 최고경영자 과정을 밟을 때였다. 프로그램 중에 일대일 코칭 시간이 있었는데 경영자로서 내 자신을 돌아보는 계기가 됐다. 그때 인생의 중요한 멘토인 고현숙 코치를 만났다. 당시 나는 신임 사업부장이었다. 부사장으로 승진해서 사업을 맡게 됐는데 사업이 적자였다. 흑자 전환과 미래 설계 등으로 고민이 많고 해서 스트레스로 불면증까지 걸렸던 시기다. 해야 할 일은 많고 시간은 부족했다. 그런 힘들고 어려운 상황에서도 열정적으로 일을 추진하고 있었다. 그런데 부하들이 잘 따라오지 않는 것 같아서 불만이 컸다.

나는 코칭 세션 때 내 상황을 설명하면서 부하직원들에 대해 "일하는 수준이 불만족스럽다." "최선을 다하지 않는다."라며 불만을 한껏 토로했다. 고현숙 코치는 내 얘기를 경청해 다 듣고 난 후 진지하게 되물었다.

"과연 부하직원들이 최선을 다하지 않을까요?"

그 질문을 듣는 순간 망치로 머리를 얻어맞은 것 같았다. '아, 뭔가 잘못된 것 같다.'라는 느낌이 들었다. 코칭 세션이 끝난 후 다음 코칭 세션 때까지 곰곰이 생각했다.

'부하직원들은 나보다 경험이 적고 직급이 낮다. 일에 대해 나보다 크고 넓고 깊게 보는 것이 부족한 것은 당연하다. 나이를 보면 임원은 내 동생 연배이고 주니어는 내 아들딸뻘이다. 만일 그들이 내 친동생이고 자식이라면 어땠을까? 그들이 아직 나이가 어리고 사회 경험이 적어서 그런다고 이해했겠지. 그런데 난 그런 점을 고려치 않고 내 기준과 눈높이로 그들을 판단했구나. 말로는 조직을 사랑한다, 부하직원을 사랑한다고 하고서 마음과 행동은 그렇지 못했구나. 사랑이 부족했구나.'

내 문제를 깨닫자 마음과 자세가 달라졌다. 먼저 부하직원들을 대하는 태도를 바꾸었다. 그들의 업무가 기대에 못 미쳤을 때 불만스러워하기보다는 육성해야겠다는 마음으로 피드백을 했다. 내 입장에서가 아니라 부하직원들 입장에서 배려하고 부족한 부분은 기꺼이 가르쳐주었다. 고현숙 코치와 대화하며 타인의 코칭과 멘토링이 굉장히 도움이 된다는 것을 깨달았다. 코칭과 멘토링에 대한 매력을 느꼈던 사건이었다.

나는 사석에서 질문을 통해 스스로를 변화시켰던 경험을 자주 이야기한다. 덧붙여 여느 경영자도 나와 같은 경험을 할 수 있고 변화를 일으키는 주체자가 될 수 있다며 용기를 북돋는다. 경영자의 질문력은 개인의 학습뿐만 아니라 부하직원의 육성, 조직의 성장과도 연결돼 있다. 모든 질문은 생각을 깊고 넓게 해주는 촉매제다. 모호하고 불확실한 것을 명료하게 해준다. 그리고 '왜?'라는 질문을 반복적으로 함으로써 문제의 근원에 도달할 수 있다. 경영자로 성장하는 과정에서 질문만큼 유용한 도구가 없다.

그러므로 질문할 수 있는 문화와 환경을 조성하라는 당부를 하고 싶다. 평소 문제의식과 대안을 만들기 위해 노력하는 자만이 질문을 할 수 있다. 질문을 활용할 줄 아는 이가 그렇지 않은 이보다 더 성장하는 것은 당연하다. 경영자가 질문을 통해 문제의 근원에 도달하고 비즈니스의 난관을 해결했던 경험을 공유하는 것만으로도 부하직원들에게는 충분한 동기부여가 될 것이다.

# 4

# 회의와 보고

## 문제해결 역량을 키우는
## 회의와 보고

"혁신은 폐기가 선행돼야 한다."

피터 드러커가 한 말이다. 그의 지침은 우리의 조직 생활 중 '회의와 보고'에서 가장 필요한 원칙으로 손꼽힌다. 조직원들에게 회의와 보고는 많은 시간을 할애하는 중요한 업무다. 회의와 보고가 업무 성과 혹은 조직문화에 미치는 영향은 지대하다. 그러나 상당수의 회의와 보고가 관행적으로 이루어지고 있으며 안타깝게도 결코 조직의 성장과 성공에 긍정적인 영향을 미치지 못한다. 회의와 보고는 스스로 문제해결 역량을 키우고자 하는 이들에게 역동적인 토론의 장이어야 하고 생산적인 결론을 끌어내는 시간이어야 한다. 경영자는 명확한 지향점을 두고 바람직한 회의와 보고 문화를 조성해야 한다.

## 지적과 지시만 난무하는 회의는 없애라

회의는 경영자의 스타일이 잘 드러나는 부분이다. 어떤 경영자는 회의를 자주 하며 시시때때로 상황을 파악하고 지시하기도 하고 또 어떤 경영자는 일하는 시간을 확보해주기 위해 회의를 가급적 적게 하기도 한다. 회의에 최대한 조직원이 참여하여 내용을 공유하고 전체가 한 방향으로 나아가도록 회의를 활용하는 경우가 있는가 하면 효율과 보안을 중시해 참석자를 최소한으로 하는 경우도 있다. 나는 밸런스가 중요하다고 생각한다. 너무 과한 것도 좋지 않고 너무 줄이는 것도 바람직하지 않다. 경영자로서 회사 전체 상황을 파악하고 적절한 의사결정과 리더십을 발휘하기 위해 회의 빈도와 체제를 구축하는 것이 바람직하다. 시스템이 잘 구축돼 있으면 경영자는 회의 없이도 현황을 파악할 수 있다.

일반적으로 경영자는 새롭게 사업부를 맡으면 자기 스타일에 맞게 시스템을 개편한다. 이때 회의의 형태와 빈도를 확인해 목적과 효과에 맞게 개편하는 것이 보통이다. 나는 기존 회의를 취합해 '없앨 것' '효율화할 것' '강화할 것'으로 분류해서 정리했다. 어떤 기준으로 회의를 없애고 효율화하고 강화하느냐 하는 것은 경영자의 스타일에 따라 달라진다. 그리고 회사가 처한 상황과 경영 환경에 따라서도 어디에 중점을 두느냐가 다를 수 있다. 창업기, 성장기, 성숙기, 쇠퇴기 등의 상황에 따라 회사가 역량을 집중해야 하는 부분이 달라지기 때문에 회의도 그에 맞게 개편하는 것이 좋다.

나는 미래 비전은 밝으나 당장 현실은 어려운 사업을 맡는 경우가 많았다. 혁신이 주요 관건이었기에 경영 회의와 별개로 개발, 제조와 품질 혁신, 시장 확대 등을 위한 부문별 정기 회의를 만들었다. 그 외에도 개발과 제조 간 시너지 제고, 사업부 간 혁신 사례 공유 등의 회의를 주관했다. 이처럼 경영자가 주관하는 회의는 목적과 효과에 맞게 횟수, 시간, 참석자 규모 등을 정한다. 회의를 운영해가면서 조금씩 보완해 회사의 상황과 체제에 적합한 시스템을 구축한다.

사실 더 중요한 것은 '회의의 질質'을 올리는 것이다. 참석자의 태도가 곧 회의의 질이라고 해도 과언이 아니다. 보통 참석자들은 큰 주제 정도만 알고 회의에 들어온다. 회의는 준비한 보고나 발표를 듣는 것으로 시작하는데 여기에 상당 시간을 소비한다. 경우에 따라 다르지만 보통 발표 직후 토론은 그렇게 활발하지 않다. 각자 궁금한 점이나 자기 의견 등을 얘기하다 보면 회의 시간이 거의 다 간다. 결론이 명확하게 나고 실행할 사항이 결정되면 다행이다. 어떤 때는 다음에 다시 논의해보자는 것으로 끝을 맺는다. 업무 시간을 잡아먹기만 한 생산적이지 못한 회의라고 평가할 수 있다.

회의의 질을 높이려면 회의의 규칙을 협의하고 공지한 후 실천하는 꼼꼼한 접근법이 필요하다. 이때 경영자는 전체 과정을 지휘하며 주도적으로 쇄신해야 한다. 우선 회의 전에 의제를 명확히 공지하도록 한다. 세부 논의 사항과 의사결정 사항을 적시해 참석자가 사전에 의견을 정리해서 회의에 들어올 수 있도록 지시하고 분위기를 이끈다. 발표 내용 역시 보안상 문제가 없다면 사전에 배포해 참석자들이 내용을 파악하고 회의에 참석할 수 있도록 한다. 사전 준비 문화가 정착되면 회의 시간에 전체 내용 중 중요 부분만 강조해 발표하거나 논의할 수 있어 시간 효율을 높일 수 있다.

다음으로 토의 문화를 정착시킨다. 일반적으로 회의의 가장 큰 문제로 지적되는 것이 '지적과 지시만 난무하는 회의'다. 발표 내용을 경청한 후 서로 활발히 의견을 개진하고 토론하며 대안을 제시하는 문화로 이끌어야 한다. 중간에 말 끊지 않기, 비판하지 않기 등 그라운드 룰을 정해 운영하는 것도 좋다. 경영자가 솔선수범하면 회의 문화도 빠른 속도로 바뀔 것이다. 궁극적으로 좋은 회의는 살아 있는 회의다. 살아 있는 회의는 벽을 허무는 경청의 장이고, 새로운 것을 시도하게 하는 용기의 장이고, 혁신의 길을 열어주는 가능성의 장이다. 회의가 업무의 촉매제가 되도록 시스템을 점검하고 분위기를 주도하는 것 역시 경영자의 몫이다.

### 실행력을 갖춘 간결한 보고 문화를 만들어라

이어서 '보고'에 대해 살펴보자. 모든 경영자는 보고서 작성과 보고에 있어 달인 수준의 스킬을 갖고 있을 것이다. 경영자가 되기 전에 직접 쓴 보고서가 몇 장이며 주도적 보고를 해본 경험이 몇 번인가! 이 경험을 바탕으로 직원들에게 좋은 보고에 대한 가이드라인을 제시하고 직원들을 훈련하면 보고 업무를 좀 더 수월하게 할 수 있다. 보고는 직원들의 업무 능력을 키울 수 있는 분야다.

그렇다면 잘 쓴 보고서란 무엇인가? 보고받는 상사의 기대와 눈높이에 맞는 보고서라고 생각한다. 신규 사업을 추진하거나 대형 프로젝트를 추진할 때를 가정해보자. 상사도 프로젝트에 대한 정보가 많지 않을 것이다. 이런 경우 보고서를 다 읽은 후 질문이 남지 않도록 쓴 보고서가 좋은 보고서다. 상사가 기대한 보고서이기 때문이다. 프로젝트 보고서를 열 때 상사는 '이 사업이 무슨 사업이지?' 하고 의문을 품고 있을 것이다. 보고서를 읽으면서 '이런 사업이구나!'라는 정보를 얻는다. 다음으로 '추진하는 데 문제는 없을까?' 하는 의문이 들 때 '이렇게 해결하면 되겠구나!'라는 답을 얻는다. 이렇게 질문이 생기고 답이 나오는 형태로 흘러가다가 마지막에 '그래, 이 보고서대로 하면 되겠다!'라는 결론에 이른다면 그 보고서를 흡족해하지 않을 상사는 없을 것이다.

반대로 현안이나 일상적인 보고서는 간결해야 한다. 상사는 현안이나 일상에 대해서 상당한 정보를 갖고 있다. 이때는 한 페이지로 보고할 수 있을 정도로 간결하면 좋다. 다양한 정보를 한 페이지로 축약하는 것은 가장 중요한 핵심이 무엇인가를 정확히 파악해야 가능하다. 또한 기승전결 식 보고보다는 결론을 먼저 얘기하고 그 결론에 이르게 된 이유와 상황 등을 역순으로 보고하는 경우가 더 바람직하다. 상사 입장에서는 평소 많이 접하는 사안이니 결론이 가장 궁금하기 때문이다.

어떤 경우든 중요한 것은 상사 혹은 보고받을 대상자의 관점에서 작성하는 것이다. 보고서의 작성자는 보고자이지만 보고서를 읽는 사람은 상사다. 단순히 보고자의 생각 정리에 그쳐서는 안 된다. 보고를 받는 사람 입장에서 가장 중요한 것, 알고 싶은 것을 고민하고 어떤 질문이 가능한지를 살펴야 한다. 연상되는 질문과 예상 답변을 작성하며 눈높이를 맞추는 것이 중요하다.

다음으로 보고의 방법에 대해 살펴보자. 가장 좋은 보고는 엘리베이터 스피치다. 엘리베이터를 타고 내릴 때까지 약 60초 이내의 짧은 시간 안에 상대의 마음을 사로잡는 기술이다. 엘리베이터 스피치가 가능하다는 것은 상사의 눈높이에 맞춰 짧고 간결하게 보고를 마칠 수 있다는 것을 말한다. 상사는 이를 듣고 다양한 시각에서 질문을 하게 된다. 보고자는 질문과 대답을 통해 '상사의 주 관심사' '사안을 바라보는 시각' 등을 파악할 수 있다. 현직 시절에 나는 보고를 마친 후 상사의 질문을 다시 떠올리며 상사의 의도와 중요 포인트 등을 정리하곤 했다. 보고를 단순한 일과로 넘기지 않고 정리함으로써 한 단계 높은 시야를 가질 수 있었다.

마지막으로 '보고를 받는 입장'에서 몇 가지 당부의 말을 덧붙이고자 한다. 실무자 시절에 상사에게서 "보고의 결재는 내용이 아니라 들고 온 사람의 얼굴을 보고 한다."라는 이야기를 들은 적이 있는데 상사가 되고 비로소 그 뜻을 알게 됐다. 보고를 받으면 우선 보고 내용의 좋고 나쁨을 넘어서 '실행력을 가진 보고인가 아닌가'에 집중했다. 평소 신뢰가 가는 직원, 자기 말을 꼭 행동으로 옮긴 직원이 보고서를 들고 오면 흔쾌히 결재했던 것이다. 그만큼 보고를 듣는 입장에서는 평소 보고자의 실행력이 중요한 포인트였다.

'앵무새처럼 보고 내용을 읽는 경우'는 보고를 받기가 매우 힘겨웠다. 가끔 책 한 권쯤이나 되는 두툼한 보고서를 들고 와서 장구한 설명을 하는 임원이 있다. 부하직원이 작성한 방대한 자료를 들고 와 보고서 내용을 읽으면서 설명한다. 이를 다 듣고 있을 시간도 없거니와 무슨 내용인지 알 수도 없는 상황에서는 보고를 계속 받는 것도 의미가 없다. 이럴 때 나는 보고서를 덮고 "하고 싶은 내용을 간단히 말로 설명해주세요."라고 요구했다. 많은 경우 당황해하고 설명을 제대로 못 했다. 이때는 이해한 후 다시 보고하라고 돌려보냈다. 지위고하를 막론하고 자기가 하는 말이 무슨 내용인지도 모르고 보고해서는 곤란하다. 명확히 전달하고 제대로 이해할 수 있어야 좋은 보고와 회의라고 할 수 있다.

보고 끝에 "결정은 어떻게 할까요?"라고 묻는 경우도 있다. 일의 방향이나 의사결정을 상사에게 묻는 의도가 무엇일까? 이런 경우에 나는 보고자의 생각과 의견을 반드시 물었다. 그 의견을 바탕으로 토론을 해 결정하고 의견이 없으면 의견을 가져오라며 돌려보냈다. 상사의 역할은 부하직원들이 각자 자기 방법대로 목표에 도달할 수 있도록 이를 독려하고 지도하는 것이다. 부하의 의견이 옳지 않다고 판단하면 토론을 해 바로잡아 주면 된다. 그러면 부하도 배우면서 이해한다. 그런데 자기 의견은 없고 상사의 결정과 지시를 따르겠다고만 하는 경우엔 어디부터 가르쳐야 하는지 난감하다. 만약 자기 일이라고 생각한다면 의견 없이 보고할 수 없을 것이다.

내가 사회생활을 시작했을 때는 보고와 회의의 목적이 일사불란하고 신속한 업무 처리를 위한 업무 지시로 여겨졌다. 덕분에 기업과 사회가 빠르게 성장한 것도 사실이다. 그러나 그런 회의와 보고 시스템은 직원들이 권한을 위임받아 능력껏 일을 진행하고 스스로 역량을 키우는 방식이라고 하기 어렵다. 기업의 제품이 시대에 따라 바뀌듯 기업의 회의와 보고 문화도 바뀌는 것이 맞다.

나는 경영자가 되기 전부터 기존 회의의 실태를 분석하고 바람직한 회의 모습을 정의한 후 운영 방식을 정리했다. 합리적이고 효율적인 회의와 보고 문화를 정착시키고자 다양한 시도를 해보았다. 물론 이 역시 신세대에 맞는 아주 세련된 방식이라고 평가하기는 부족한 부분이 있었다. 하지만 경영자로서 회의와 보고 시스템을 고민하고 개선하려 노력했다는 점에서 과락은 면했다고 생각한다.

경영자의 업무 중 상당 부분이 보고를 받는 것이다. 경영자의 자세와 철학에 따라 많은 혁신이 가능하다고 생각한다. 회의와 보고가 조직의 혁신과 활력에 주요 에너지원으로 작용한다면 최상의 조직을 이룰 수 있을 것이다. 경영자 스스로 어떤 문화를 만들어나갈지 고민해보길 권한다.

# 5
# 커뮤니케이션

## 소통의 본질은 진심이니
## 솔직하게 말하라

"일보다 사람이 힘들다." "말이 통하지 않아서 힘들다."

예나 지금이나 조직에서 흔히 듣는 애로사항이다. 유능하다고 인정을 받는 리더들조차 자주 하는 하소연이다. 직급이 올라갈 때 급여가 오르는 것처럼 커뮤니케이션 기술도 자연스럽게 업그레이드되면 좋으련만 현실은 그렇지 않다. 제자리걸음인 커뮤니케이션 기술을 "말이 잘 통해서 일도 잘 통한다."라는 평을 들을 정도로 끌어올리기 위해서는 단계별 훈련과 다양한 시도가 필요하다.

커뮤니케이션의 어원은 라틴어 콤무니카레communicare로 공유한다, 함께 나눈다라는 뜻이다. 따라서 커뮤니케이션은 '양방통행'이 기본이다. 지시와 같은 '일방통행'은 커뮤니케이션이 아니다. 양방통행의 대화가 잘 이루어지면 누구나 '말'이 아니라 '말뜻'을 알아들을 수 있게 된다. 커뮤니케이션 영역을 세분화하면 듣기, 공감하기, 말하기로 나눌 수 있다. 각각에는 핵심 포인트가 있고 이를 알고 모르고는 커뮤니케이션에 많은 영향을 미친다.

이런 지침을 배워본 적도 없는데 커뮤니케이션 능력이 뛰어난 경영자들도 더러 있다. 선천적으로 타고난 경청가이거나 솔직 담백하게 말하기를 좋아하는 경우다. 그러나 내가 겪어본 대다수 경영자는 커뮤니케이션에 매우 세심한 주의를 기울이고 다양한 피드백을 받으면서 자기만의 높은 능력치를 달성해낼 수 있었다. 그들의 모습을 보면 따로 배우지 않았을 뿐 세 영역의 핵심 포인트가 매우 잘 녹아 있음을 확인할 수 있었다. 자신의 커뮤니케이션 방법을 이론적, 실천적 핵심 포인트들과 비교해보고 부족한 부분을 보강하는 것으로 경영자에게 필요한 커뮤니케이션 스킬을 획득할 수 있을 것이다.

## 잘 듣고 공감하며 신뢰를 쌓아라

커뮤니케이션을 잘하기 위해서는 세 가지를 잘해야 한다. 첫째, 잘 들어야 한다. 잘 듣는다는 것은 상대에게 집중하며 이야기를 듣는 것을 말한다. 말은 쉬울 것 같지만 똑똑하다는 평을 듣는 사람일수록 듣기에 많은 어려움을 느낀다. 『트리거』의 저자 마셜 골드스미스Marshall Goldsmith는 '슈퍼 스마트'한 사람들의 공통점으로 '잘 듣지 않는 점'을 소개한 바 있다. 자신이 얼마나 똑똑한지를 드러내기 위해 직원들의 이야기를 끝까지 듣지 않고 아는 체를 하거나 자기 판단을 먼저 말하거나 결론만 채근해 묻는다는 것이다. 따라서 자신이 똑똑하다고 생각하는 경영자일수록 경청에 미숙하다는 것을 인정하고 커뮤니케이션을 시작해야 한다. 경영자가 '이미 알고 있다.'라는 생각에 잘 듣지 않으면 현장의 목소리를 제대로 전달받을 수 없다. 시간이 지나면서 경영자가 현장 변화에 둔감해져 상황을 오판하기 쉽다. 그 폐해는 말할 것도 없다.

들을 때의 태도 역시 중요하다. 남편들이 아내들에게 가장 많이 듣는 말 중 하나가 "내 얘기 듣고 있어요?"라고 한다. 몸은 같이 있지만 딴 생각을 하는데 아내도 그것을 느끼고 있다는 얘기다. 회사에서도 이런 경우가 종종 있다. 이런 태도는 커뮤니케이션에서 최악이다. 지위고하를 막론하고 들을 때는 상대의 눈을 보아야 한다. 오로지 그 사람에게 집중해야 한다. 나는 나름의 커뮤니케이션 방식이 있다. 부하직원이 보고를 할 때 장황하게 보고하는 경우가 왕왕 있었다. 한참을 설명하는데 무슨 소리를 하는지 정확하게 알아들을 수 없었다.

그럴 경우 나는 그가 전하고자 하는 내용이 무엇인지를 우선 열심히 듣는다. 그런 후 "지금 말하고자 하는 내용의 포인트가 이러이러한 것이 맞아요?"라고 정리해 되묻는다. 그러면 대부분은 맞다고 대답한다. 내가 얘기한 포인트가 아닐 경우에는 조금 더 얘기를 주고받으며 포인트를 한두 문장으로 명확하게 정리한다. 그런 방식을 통해 보고자의 내용을 내 언어로 재구성해 이해했다. 회의 후 참석자들에게 "사장님이 정리해주셔서 저희도 이해했습니다."라는 말을 듣곤 했다.

둘째는 공감하는 것이다. 공감은 마음을 같이 하는 것이다. 비록 내 생각이 그와 같지 않아도 같은 감정을 느끼려 노력해야 한다. 직원과 마찰을 겪는 임원을 불러 이야기를 한 적이 있었다. 그의 업무 능력은 매우 출중했다. 문제는 여기저기서 그와 일하기가 버겁다는 불평이 밀려든다는 것이었다. 나는 그의 이야기를 들어보기로 하고 개인 면담 시간을 잡았다. 나를 찾아온 그의 얼굴은 썩 밝지 않았다. 그 역시 자신이 문제가 있어서 사장이 불렀을 거라고 짐작한 것 같았다.

나는 "얼마나 열심히 일하는지 잘 알고 있습니다."라는 말로 대화를 시작했다. 솔직히 그의 마음을 충분히 이해할 수 있었다. 자신은 회사의 위기가 느껴져서 앞으로 치고 나가기 위해 불철주야 매진한 것이다. 그런데 직원들은 자기 마음과 같지 않고 제대로 따라오지 않으니 답답하고 서운했을 터였다. 그 상황에서 "왜 직원들과 갈등을 일으킵니까? 직원들 사이에 평판이 좋지 않으면 당신만 손해입니다."라는 이야기를 듣는다면 얼마나 억울하겠는가. 그래서 나는 그의 입장에서 그가 얼마나 열심히 일하는지를 알아주었다. 그러자 그도 그간 서운했던 이야기를 꺼내놓았다.

"저에게 못된 상사라고 하는데요. 사실 그네들이 해놓은 일을 보면 화를 안 낼 수가 없습니다. 자기들이 일을 못해서라는 생각은 안 합니다. 제가 언제까지 뒤치다꺼리해 줄 수도 없고 답답합니다."

"나도 임원 시절에 그랬습니다. 그 마음 충분히 이해가 갑니다."

나는 그의 이야기에 맞장구를 쳤다. 그가 여러 번 같은 이야기를 해도 묵묵히 들어주었다. 그러고 나서 "앞으로 일을 어떻게 하면 좋을까요? 직원들이 뭘 기대하는 것 같은가요?"라고 물었다. 그는 잠시 생각하더니 "자신들이 열심히 한다는 걸 상사인 제가 알아주었으면 하는 것 같습니다."라고 대답했다. 부하직원들 입장에 서서 생각해봄으로써 스스로 답을 찾아냈다. 나는 그가 느끼고 있는 부족한 부분이 무엇이고 개선하기 위해 어떤 노력을 할 수 있는지 물어보았다.

"제가 칭찬에 인색한데 늘려보겠습니다. 그래도 어려움이 있으면 한 번 더 사장님을 찾아오겠습니다."

그는 서운한 마음을 누그러뜨리고 한층 밝아진 얼굴로 돌아갔다. 그 후 그는 달라졌고 주변의 불만도 잦아들었다.


## 진심을 담아 솔직하게 말하라

셋째로 커뮤니케이션에서 강조할 점은 '진심을 담아 솔직하게 말하기'다. 우리 정서에 '좋은 게 좋은 것'이라는 말이 있다. 그래서 에둘러 말하거나 애매하게 표현하다 보니 이야기가 겉돌고 오해가 생기기 십상이다. 듣는 이도 명확한 결론을 얻기가 힘들다. 회사에서 일하다 보면 상대에게 나쁜 인상을 주고 싶지 않아서 혹은 상대방을 배려하는 차원에서 했던 말들이 상황을 더 악화시키는 경우가 있다. 나는 이런 애매한 화법은 상대방을 위한 것이 아니라고 생각한다. 차라리 진심을 담아 솔직하게 얘기하는 편이 모두에게 더 낫다.

건국 이래 최대 환란이라고 불리던 IMF 외환위기 시절 이야기다.

당시 나라를 살리자며 '금 모으기' 운동을 해서 나도 애들 돌 반지부터 집에 있던 금을 다 가져다 냈다. 대부분 기업이 구조조정에 들어갔다. 내가 몸담았던 조직도 예외가 아니었다. 기업으로서는 '남은 70퍼센트라도 살릴 것인지, 다 같이 죽을 것인지'를 결정해야 하는 상황에서 피할 수 없었던 선택이다. 조직의 생존을 위해 30퍼센트를 정리해야 하는 것이다. 그 어려운 일이 내게 맡겨졌다. 나는 명단을 작성하고 면담을 시작했다. 조직에 남는 게 좋겠다고 판단한 사람에게는 "내가 보기에 당신은 능력이 있어 잘 성장할 수 있을 것 같습니다. 불안해하지 말고 열심히 하십시오."라고 격려했다. 나가는 게 좋겠다고 판단한 사람에게는 "내가 보기에 당신은 여기에 남는 것보다 나가서 다른 일을 하는 것이 좋겠습니다. 강요는 하지 않겠지만, 시간이 지나면 더 힘들어질 가능성이 커 보입니다."라고 말했다.

그때 면담했던 직원 중 한 명이 아직도 기억이 난다. 업무 성과가 너무 저조해 그간의 교육과정을 어떻게 마쳤는지 의심이 들 정도였다. 그런 그도 어떨 때는 걱정이 무색하다 싶게 생기가 돌고 머리 회전이 빨라 보였다. 바로 고스톱을 칠 때였다. 동료의 결혼식이나 돌잔치가 있으면 우르르 몰려가 집에서 밥도 먹고 고스톱을 쳤던 시절이다. 그 직원은 매우 열의가 넘쳤고 점수도 잘 냈다. 다른 사람이 무슨 패를 가졌을지 훤히 꿰뚫었고 판이 끝나 점수 계산을 할 때는 거의 천재처럼 보였다. 업무를 할 때와는 딴판이었다. 그런 모습을 보면서 그의 적성은 품질이 아니라 영업이나 그와 유사한 일이라는 생각을 했다. 그래서 나는 면담에서 그에게 "다른 일을 찾아보는 것이 좋겠습니다."라는 말을 꺼냈던 것이다. 무거운 나의 마음과 달리 말이 끝나자마자 그는 바로 "그렇게 말씀해주셔서 고맙습니다."라고 말했다. 그렇지 않아도 자신도 회사에 계속 남아 있을 수 있을까 고민하던 차였는데 상사가 확실하게 이야기를 해주니 자기도 결심이 선다고 말했다. 진심으로 솔직하게 대하니 그도 오해 없이 내 얘기를 받아주었다. 나도 무척 고마웠다.

구조조정과 같이 어려운 때 리더는 '왜 그 사람인가?'에 대해 소신을 갖고 판단을 해야 한다. 그러기 위해 그의 능력, 적성, 경쟁력을 정확히 판단하고 분명한 메시지를 줘야 한다. 공정한 기준과 합리성을 가지고 결정한 것임을 이해를 시킬 수 있다면 거기까지가 최선이다.


## 결론부터 이야기하라

덧붙여 조직의 커뮤니케이션에서는 되도록 '결론부터 이야기하는 것'이 바람직하다. 결론부터 말하면 대화 도중에 주제에서 이탈하거나 사소한 오해로 결론을 맺지 못하는 문제를 예방할 수 있다. 반도체 주니어 시절에 선배 한 분이 있었는데 유독 회사에서 동료들과 충돌이 잦았다. 본인은 좋은 의도를 가지고 대화를 시작했다. 하지만 어느 순간 의견 충돌이 일어나고 감정이 상해 끝이 좋지 않은 경우가 많았다. 나는 곁에서 지켜보다가 그분의 '말하는 패턴'에 문제가 있는 것을 알았다. 보통 사람들은 대화할 때 서론 – 본론 – 결론 3단계로 이야기를 한다. 그런데 그 선배는 본론 단계에서 꼭 단어나

표현을 잘못 선택해 결론 단계로 나가지 못했다. 본론 단계에서 대부분 대화 상대가 자신에 대한 나쁜 감정이 있거나 자신을 비난한다는 느낌을 받고 심하게 반발했다. 결국 선배가 원하던 결론에 이르지 못한 채 대화가 끝이 나곤 했다.

이를 파악한 나는 선배가 말을 걸어오면 그 말뜻을 헤아려 결론 부분부터 먼저 언급하고 "이런 말씀이세요?"라고 되물으며 본론 단계를 뛰어넘곤 했다. 그럼 선배는 수긍하며 원만하게 대화를 끝냈다. 나는 같은 경험을 몇 번 하고 나서 결론부터 이야기하는 형태로 대화 방식을 바꾸었다. 그러자 서론과 본론이 길어져 대화의 흥미가 줄어드는 문제가 없어졌다. 또한 결론부터 이야기하자 '왜 그렇게 결론을 내렸지?' 하는 궁금증 때문에 선배도 대화에 더 집중했다.

한 조직의 수장이 되면 '듣고 말하기'가 새삼 조심스러워진다. 그러나 앞의 세 가지를 잘 염두에 둔다면 어려운 소통 시간도 무리 없이 잘 넘길 수 있으리라 생각한다. 나머지는 '경영자에 대한 조직원의 신뢰'에 따라 노력한 대로 굴러갈 것이다. 사실 나 스스로도 많은 노력을 했지만 좋은 커뮤니케이션 스킬을 갖추었다고 평가하기는 힘들다. 다만 조직원의 신뢰 덕분에 큰 탈 없이 조직을 이끌 수 있었다고 생각한다. 흔히 사람들은 신뢰를 같은 생각을 하는 사람들의 동질감으로 생각하는데 잘못된 생각이다. 신뢰란 의견이 일치하든 안 하든 믿고 얘기할 수 있는 힘이다.

"잘 듣고 공감하고 솔직하게 말하라. 그에 앞서 신뢰를 쌓아라."

# 6
# 의사결정

## 빠른 타이밍과
## 과감한 리셋으로 판단하라

"지도자는 잘된 결정을 내리는 게 제일 좋고, 잘못된 결정을 내리는 게 그다음이고, 결정을 내리지 않는 게 가장 나쁘다."

미국 대통령 해리 트루먼Harry Truman이 했던 말이다. 경영자들과 대화해보면 이 말에 많이 공감한다. 왜 의사결정은 어려운가? 가장 큰 이유는 책임감 때문이다. 결과는 오롯이 경영자의 몫이다. 나는 경영자로 성장하며 가장 효율적이고 합리적인 '의사결정 시스템'을 고안하고자 노력했다.

가장 중요하게 생각한 것은 '타이밍'을 놓치지 않는 것이다. 아마존의 최고경영자인 제프 베조스는 "기업들은 훌륭한 의사결정을 한다. 문제는 좋은 의사결정을 너무 늦게 한다는 것이다. 현재와 같이 경영 환경이 급변하는 시대에 질이 높지만 늦은 의사결정은 소용없다. 빠르고 질 높은 의사결정이 필요하다."라며 골든타임을 놓치지 않는 의사결정의 중요성을 강조했다. 그러나 현실에서 경영자들은 '완벽한 결정'을 꿈꾼다. 그래서 타이밍을 놓친다. 결정을 미루고 뭉그적거리는 순간부터 조직은 공회전을 시작한다. 그렇기 때문에 경영자는 제때 결정하는 훈련을 해야 한다.

의사결정이 어려운 또 다른 이유는 '되돌릴 수 없다.'라는 두려움에 압도되기 때문이다. 하지만 '결정이 잘못됐다면 수정할 수 있다.' 일부 경영자는 결정을 번복하는 것을 권위의 추락으로 생각한다. 중간에 결정이 잘못된 걸 깨달았을 때는 주저 없이 결정을 번복해야 한다. 잘못된 결정을 바로잡는 것이야말로 올바른 경영자의 자세다. 유연한 경영자가 세찬 물결을 더 잘 헤쳐나갈 수 있다.

나는 의사결정에서 '고민은 하되 걱정은 하지 말자.'라는 독백을 많이 했다. 티베트에는 "걱정을 해서 걱정이 없어진다면 걱정이 없겠네."라는 속담이 있다. 경영자로서 치열하게 고민은 하되, 결정한 후에는 긍정적인 생각을 하고 기대한 결과가 나올 수 있도록 최선을 다하는 것이 맞다.

나는 이를 적용한 의사결정 시스템을 고안했다. 사안을 기준에 따라 분류해 결정을 내리는 것이다. 기준은 두 가지로 설정했다. 하나는 난이도에 따라 상중하로 구분하는 분류 방법이다. 가벼운 것은 가볍게, 무거운 것은 무겁게 다룬다는 원칙이다. 난이도에 따라 들어가는 시간과 에너지가 정해진다. 또 하나는 '되돌릴 수 있는 것'과 '되돌릴 수 없는 것'으로 분류하는 방법이다.

여기서는 문제를 상중하로 구분해 해당 사례를 다루고 마지막으로 '되돌려야 하는 문제'에 대해서도 살펴보고자 한다.

## 사안의 난이도에 따라 의사결정의 포인트가 다르다

첫째, 비교적 난이도가 낮은 과제 혹은 일상적 과제는 '데이터에 기초한 의사결정'을 한다. 각종 조사 결과, 사업 진행 상황, 가능성 등의 통계 등을 확인해 의사결정을 한다. 이때 사용하는 데이터도 90~100퍼센트까지는 기대하지 않는다.

흔히 경영자들이 하는 실수는 '조금만 더 시간을 쓴다면 더 나은 결정을 할 수 있을 것이다.'라는 기대로 타이밍을 놓치는 것이다. 이런 상황에 부닥친 경영자는 '과연 그럴까?'라고 반문해보아야 한다. 시간과 축적되는 정보량 사이에는 한계효용 체감의 법칙이 존재한다. 어느 정도 시간을 들인 후에는 시간을 더 들여도 쌓이는 정보의 수준이 미미하다. 경영자는 더 높은 수준을 갈망하지만 시간을 아무리 들인다 해도 그 수준을 달성하지 못할 가능성이 크다. 그리고 만에 하나 원하는 수준까지 정보가 확보된 상황이라면 그때는 이미 의사결정은 의미가 없을지도 모른다. 모두가 같은 정보를 가지고 있다면 이미 결론이 나온 상황이기 때문이다. 따라서 데이터에 의존하는 결정은 70퍼센트의 확신이 들면 결정한다. 70퍼센트의 정보와 30퍼센트의 직관력은 결정의 황금비율이다. 이때 결정을 하면 타이밍을 놓치지 않고 결정을 내릴 수 있다.

둘째, 중간 난이도의 의사결정은 직관을 활용한다. 직관을 일반적인 감感으로 오해하는 경향이 있는데 엄밀히 다르다. 직관은 바둑에서 5수, 10수 앞을 내다보게 하는 능력이다. 바둑의 고수가 수많은 실전 경험을 통해 통찰력을 얻는 것처럼 직관도 훈련으로 터득된다. 미래의 메가 트렌드, 경쟁사의 활동, 미래 시장 등을 다 꿰고 있다면 직관을 통한 의사결정이 한층 수월해진다.

제일모직 사장 시절에 적자 사업이었던 편광필름 사업을 놓고 고민했을 때 일이다. 편광필름은 노트북 컴퓨터, PC 모니터, LCD TV 등에 필요한 핵심 부품이다. 하지만 당시 제일모직의 생산라인은 소형제품 위주로 돼 있어 TV용으로 납품하기에는 무리가 있었다. TV 화면 사이즈가 점차 대형화하는 추세여서 편광필름 사업을 계속하려면 대형 화면에 맞춘 투자가 필요했다. LCD는 산업 사이클상 사양 산업에 들어서는 단계인데 투자를 해야 할지 망설여졌다. 중국 경쟁사들이 대형화 투자를 하고 있어 향후 경쟁력이 약해질 우려가 심각했다. 그러다 보니 주변에서는 "괜스레 큰 리스크를 걸지 말아라. 산업 사이클에 순응해 적당히 사업을 운영하는 게 좋지 않겠는가." 하는 분위기였다. 나는 결정을 해야 했다.

우선 '가만히 있으면 어떻게 될까?'를 상상해보았다. 투자하지 않으면 무조건 죽는 사업이었다. 이미 5년간 적자를 낸 사업이었으니 두말할 필요도 없다. 서서히 죽을 것인지, 아니면 어떻게든 살릴 방법을 찾을 것인지 둘 중 하나를 선택해야 했다. 나는 후자를 선택했다. 사업 책임자로서 죽어가는 사업을 방치한다는 건 직무유기라고 생각했다. 그런데 그 일이 말처럼 쉽지 않았다. LCD 산업 패권이 중국으로 넘어간다고 가정했을 때 중국 업체들과 경쟁에서 이겨야 한다는 얘기였다. 제품, 기술, 생산 경쟁력에서 확실한 우위를 확보해야만 가능한 싸움이었다.

그래서 '중국과 경쟁에서 확실히 우위에 설 수 있는 사업 경쟁력을 갖춘다.'라는 목표를 수립했다. 그동안의 조사와 경험과 고민을 바탕으로 직관적으로 할 수 있다고 생각했다. 아니, 해내야만 했다. 우선 중국 경쟁사와 겨뤄 이길 수 있는 '경쟁력 수준의 객관화'가 필요했다. 삼성경제연구소와 합동 프로젝트를 진행해 필요한 기술과 목표 수준을 합리적이고 냉정하게 객관화했다. 목표 수준 이상을 달성하면 중국과 경쟁에서 이길 수 있다는 결론을 내리고 진행하기로 했다. 일단 결정했으니 좌고우면하지 않고 해야 할 일에 집중했다. 극복해야 할 문제들이 수없이 많았지만 편광필름 사업팀장과 팀원들은 불철주야 문제들에 매달려 하나하나 극복해나갔다. 그 결과 목표로 했던 세계 최고라고 자부할 만한 경쟁력 수준을 달성했다. 그 후 확보된 기술 경쟁력을 바탕으로 중국 공장을 가동했고 2021년 현재 높은 수익을 내고 있다.

만일 당시 투자에 관한 의사결정을 안 했더라면 어떻게 됐을까? 아마도 지금은 사업의 존재감이 없어졌을 것이다. 또 의사결정이 늦어져 기술 개발을 늦게 시작했다거나 공장 이전을 늦게 결정했다면 중국 업체들과 경쟁에서 우위를 점하기 어려웠을 것이다. 골든타임을 놓치지 않고 우리 자신의 능력을 믿고 세계 최고의 경쟁력에 과감하게 도전한 것이 성공의 요인이었다.

셋째, 고난도의 과제는 대부분 기업의 사활이나 먼 미래가 걸린 중대한 문제에 해당한다. 이런 과제는 경영자의 가치관과 철학이 의사결정의 기초가 된다. 삼성이 추진한 메모리 반도체 사업과 같이 막대한 자금이 들어가고 실패할 리스크가 큰 사업의 경우, 이병철 회장의 사업보국 철학이 없었다면 실현되기 어려웠을 것이다. 내가 맡았던 사업의 크기와 과제들은 고난도 사안의 의사결정은 많지 않았다. 그러나 몇몇 사안은 회장 입장에도 서보고 주변의 다양한 의견을 수렴하면서 심혈을 기울여야 했다. 그럼에도 항상 의사결정은 어차피 '경영자의 몫'이라는 생각으로 결정을 내려야 했다. 신사업 개발이나 미래 대응 기술 개발 등 현재의 정보로는 결과를 헤아리기 어려운 경우 혹은 한 번 결정하면 장기적으로 회사에 크나큰 영향을 미치는 경우는 더욱 그러했다.

삼성SDI 사장 시절인 2016년에 미래를 위해 헝가리에 공장 용지를 확보하고 '배터리 공장 신설안'을 두고 의사결정을 할 때 일이다. 주요 선택은 단기 최적화를 택할 것이냐, 중장기 최적화를 택할 것이냐였다. 배터리 공장을 신설하는 데는 크게 4개 공정이 필요했다. 4개 공정을 한자리에서 처리할 수 있도록 공장을 하나 지을 것이냐, 4개 공정을 각각 처리할 공장 네 개를 짓고 향후 단지화할 것이냐가 고민이었다.

한 공장 안에 4개 공정을 넣는 방식은 공사 기간을 줄일 수 있고 한곳에서 모든 공정이 이루어지기 때문에 단기적으로는 효율성이 높다. 그러나 사업을 10년 이상 지속하고 생산량도 지속적으로 늘려야 한다면 이야기가 달라진다. 4개 공정을 한곳에 담는 공장을 계속 새로 지어야 하기 때문에 돈과 에너지가 많이 들어가서 장기적으로는 효율성이 낮다. 4개 공정의 공장을 각각 짓고 단지화하는 것이 미래를 위해서는 올바른 선택이었다. 나는 후자를 선택했다. 당시는 "10년 후에 사장으로 남아 있을지 없을지 모르는데 뭐 하러 총대를 짊어지느냐?"라는 이야기가 들렸다. 그러나 '사업은 내 대에서 덕을 보는 것이 아니다.'라는 평소의 소신대로 결정을 내렸다. 30년 이상 운영될 공장을 짓는 것이므로 올바른 선택이라고 생각했다.

### 결정의 리셋이 잘못을 밀고 나가는 것보다 낫다

마지막으로 '되돌려야 하는 문제'에 대해 이야기하고자 한다. 의사결정의 합리성과 논리성만큼이나 유연성이 필요한 부분이다. 경영자는 올바른 결정을 제때 해야 할 책무가 있다. 하지만 매번 올바른 결정을 할 수가 없다. 그럴 때는 틀린 결정이었음을 인정하고 다른 길을 모색해야 한다. 결정을 번복하는 것은 결정하지 않는 것이나 잘못된 결정을 밀고 나가는 것보다 낫다. 극단적으로 말하자면 의사결정은 다른 이에게 위임할 수 있지만 번복은 경영자만이 할 수 있다. 용기가 필요한 부분이다.

글로벌 IT 업체인 인텔의 일화다. 1980년대 초에 인텔은 메모리 반도체 회사였다. D램 중심의 메모리는 1970년대 인텔의 창립 직후부터 1980년대까지 인텔을 키운 대형 히트상품이었다. 그런데 1980년대에 시장이 달라졌다. 일본의 많은 업체가 세계 순위를 석권하기 시작했다. 거기에 삼성까지 시장에 뛰어들었다. 이에 일본은 가격을 내려 삼성이 시장에서 자리를 못 잡도록 했다. 공급과잉으로 인텔의 메모리 사업 수익성은 급전직하했다.

당시 인텔의 사령탑에 앉아 있던 앤디 그로브Andy Grove는 1년 동안 고민을 했다. 그리고 창업자인 고든 무어Gordon Moore를 찾아가 물었다. "우리가 쫓겨나고 새 CEO가 온다면 이 위기를 어떻게 극복할까요?" 고든 무어는 "메모리 사업에서 손을 떼겠죠."라고 대답했다. "그럼 우리가 이 방을 나갔다가 다시 들어와서 그렇게 하면 되지 않을까요?" 앤디 그로브는 이렇게 말하고 그대로 실행했다.

사실 앤디 그로브는 시장의 변화에도 불구하고 메모리 제품을 포기할 수 없다고 고집을 피웠던 인물이다. 그러나 자기 결정을 번복하면서 회사를 살리고자 애를 썼다. 인원 감축과 공장 폐쇄라는 어려움을 감수해야 했으나 그 후 인텔은 세계 1위 중앙처리장치CPU 반도체 회사로 재도약할 수 있었다.

나 역시 경영 일선에서 수많은 번복을 했다. 의사결정을 번복할 때는 스스럼없이 명확하게 얘기했다. 왜 의사결정이 바뀌었는지와 상황이 어떻게 변했는지 등에 대해서도 정확하게 전달했다. 의외로 임직원들은 신선하다는 반응을 보였다. 경영자의 솔직한 태도를 더 신뢰하는 것 같았다. 결정을 바꾸는 것에 대해서 경영자와 조직이 유연하게 대처하면 상황은 더 나아질 수 있다.

『초우량 기업의 조건』에서 저자 톰 피터스Tom Peters와 로버트 워터맨Robert H. Waterman, Jr.은 오늘날에도 통하는 기업의 베스트 폼Best Form을 제시했다. "일단 시도한다. 해봐서 안 되면 고치면 된다. 실천이 우선이다." 일단 결정하면 실행에 최선을 다해야 한다. 다음에 나타나는 문제는 조금씩 수정해가며 대응하면 된다. 이것이 현실에서 가장 합리적인 의사결정 과정이다.

또 하나 당부하고 싶은 것은 '독단'이라는 함정에 빠지지 않도록 주의하는 것이다. 경영자는 조직의 수장이고 최고 우두머리다. 보통은 경영자의 의견에 반대를 표현하는 분위기가 형성되기 어렵다. 주변에서 맞다고 하고 옳다고 하는 이야기만 듣다 보면 눈이 감기고 귀가 닫히는 상태가 되고 만다. 잘못된 결정도 옳은 결정이라고 철석같이 믿게 된다. 이를 예방하기 위해 경영자는 설사 '반대를 위한 반대'라고 할지라도 자신과 다른 의견을 들어보아야 한다.

경영자의 의사결정이 기업의 운명을 바꾼 사례는 수도 없이 많다. 의사결정의 기본을 이해하고 시스템으로 안착시키는 것이 중요하다. 시스템이 잘 돌아가야 한다. 그럼 경영자는 물론 조직원 전체의 불안감과 부담감이 해소된다. 골든타임을 지키고 열린 자세를 유지하라. 그리고 잘못을 인정하라. 최소한 잘못된 의사결정으로 조직이 좌초하는 일은 없을 것이다.

# 7

# 임파워먼트

## 야무짐이
## 위임의 핵심 기준이다

과거 압축 성장 시대에 '나를 따르라' 식의 권위주의 리더십은 일사불란한 조직을 만들어 성장의 동력으로 작용했다. 그러나 지금은 4차 산업혁명 등으로 다양성과 불확실성이 확장되는 시기다. 과거의 중앙통제식 업무 진행으로는 따라가기 어렵다. 창의, 융합, 민첩성이 중시되는 시기의 리더십은 공감과 소통이 우선이다.

리더십에서 빠지지 않는 덕목 중 하나가 권한 위임을 뜻하는 임파워먼트Empowerment다. 경영자들은 "조직의 실행력 향상을 위해서 모두가 책임감과 주인의식을 가지고 일할 수 있는 문화가 필요하다."라고 입을 모은다. 그러나 그러기 위해 권한 위임을 하고자 하면 어딘가 삐걱거리는 원치 않는 상황들이 벌어진다. 위임을 하는 쪽과 받는 쪽 모두 준비돼 있지 않아 허울뿐인 임파워먼트로 전락한 사례가 많다. 반대로 임파워먼트가 성공적으로 이루어진 조직은 신뢰를 바탕으로 안정된 조직문화를 형성할 뿐만 아니라 미래 지향적 혁신도 지속적으로 이루어낸다.

지인 중에 여섯 개 중소기업을 거느린 중견기업 회장이 있다. 50년 가까운 세월 동안 사업에만 몰두하다 보니 회사를 하나둘 키우게 됐고 그게 여섯 개로 늘어났다. 이 회장은 정말 눈코 뜰 새 없이 바빴다. 각각 사장이 있는 여섯 곳의 회사를 돌며 감 놔라 배 놔라를 하느라 1인 6역을 하고 있었다. 마음은 급하고 사장들이 하는 일이 성에 차지 않으니 본인이 몇 배로 뛰는 수밖에 없었다.

그러다 절체절명의 위기가 찾아왔다. 뇌졸중으로 쓰러져 병상에서 일어나지 못하게 된 것이다. 담당의가 절대 안정을 취해야 한다고 목소리를 높이니 순하던 부인도 호랑이로 돌변해 회장의 바깥 활동을 만류했다. 회장도 '목숨부터 살리고 봐야 하지 않겠나.' 하는 생각에 회사와 연을 끊고 건강 회복에만 전념했다. 그리고 3년이 지났다. 건강이 회복돼 회사에 출근해 그간의 상황을 파악해보고는 깜짝 놀랐다. 믿음이 갔던 사장들뿐만 아니라 잘해 낼 수 있을까 걱정했던 사장들도 모두 회사를 성장시키며 최선을 다하고 있었기 때문이다. 그날 회장은 '내가 아니면 안 될 것이다.'라는 생각이 대단한 착각이었다는 것을 기분 좋게 받아들였다고 한다.

이야기를 전해 들은 나는 두 가지 깨달음을 얻었다. 첫째, 임파워먼트의 힘은 대단하다는 것이다. 갑작스럽게 회장에게서 전권을 위임받은 사장들이 얼마나 열심히 일했을지 눈에 선했다. 둘째, 임파워 먼트는 정말 힘들다는 것이다. 회장이라고 그간 힘든 일을 처리하며 손을 놓고 싶은 마음이 없었겠는가? 또 하나하나 회장의 재가를 받아야 하는 사장들 마음은 어땠겠는가? 그런데도 목숨이 걸린 상황이 돼서야 위임이 이루어졌다. 정말 임파워먼트는 죽고 사는 문제만큼이나 어려운 문제다.

## 누구를 위한 임파워먼트인지 스스로 물어라

"왜 임파워먼트는 이토록 어려운가?"

크게 세 가지 경우가 있다. 가장 많은 경우는 '신뢰'의 문제다. 부하 직원에 대한 믿음이 없고 맡은 일을 해오는 것을 보면 성에 차지 않는 유형의 경영자들은 직접 하나하나 확인을 해야 안심을 한다. 당연히 직원들의 자발성과 동기부여가 저하된다. 또 다른 경우는 권위적 리더십이 학습된 경우다. 유교문화, 군대문화 같은 상의하달, 일사불란한 조직문화에 익숙해져 있는 경우다. 이런 유형의 경영자들은 위임해야 한다는 의지가 약하고 현실 경영에서도 쉽사리 위임하지 못한다. 드물지만 일부 경영자들은 일 잘하는 부하를 자기 포지션을 위협하는 경쟁자라고 생각하기도 한다. 그들은 임파워먼트를 하면 자기 권한이 줄어든다고 생각해 불안해한다. 그런 경영자에게 임파워먼트는 있을 수 없는 일이다. 이 책을 읽는 독자 중에 그런 경영자는 없을 것이라 생각한다.

그렇다면 임파워먼트는 어떻게 해야 하는가? 경영자들을 만나면 대부분 임파워먼트를 "당위성에는 충분히 공감하고 의욕도 있지만 실제는 매우 어려운 것이다."라고 이야기한다. 경영자들이 임파워먼트의 중요성을 알고 실제로 적용해보려고 하지만 그렇게 하지 못하는 가장 큰 이유는 방법을 모르기 때문이다. 현직 시절에 나도 마찬가지였다. 고민과 실패를 극복하고자 다양한 시도를 이어가면서 나름대로 방법을 터득하고 체계를 정립할 수 있었다.

임파워먼트에 성공하기 위해서는 세 가지가 필요하다. 첫째, 방임과 위임을 구분해야 한다. 임파워먼트를 한 후에 "내가 이럴 줄 알았지."라며 상황을 되돌리거나 직원을 힐책하는 경영자들이 있다. 나름대로 어렵게 결심하고 위임했는데 일의 결과가 성에 차지 않으니 경영자도 속이 편치 않다. 이런 때는 대부분 경영자가 위임과 방임을 혼동하고 있는 경우이다. 경영자는 위임했으니 알아서 하겠지 하고 나 몰라라 해서는 안 된다. 충분히 후속 활동을 해야 한다. 중간보고를 받으며 일이 돼가는 상황을 파악하고 필요한 도움을 제공해야 한다. 이것이 위임과 방임을 구분하는 경영자의 태도다. 또한 보고 내용에 대해 평가하려는 마음을 내려놓고 직원을 지지하는 태도를 가져야 한다. 경청과 공감, 인정과 칭찬, 질문과 피드백 같은 코칭 대화 스킬을 익혀 활용해볼 것을 권한다.

둘째, 부하직원의 역량에 맞게 위임해야 한다. 직원의 역량은 제각각이다. 혼자서 알아서 척척 일을 해내는 이가 있는가 하면, 세부적인 지침이 있어야 안정적으로 업무를 수행하는 이도 있다. 부하직원의 역량을 파악해서 목적, 목표, 방법 단계 중 어디까지 위임할 것인가를 판단해야 한다. 직원들의 매출 정체가 고민인 경영자가 있다고 치자. 이를 직원에게 위임해 해결하려 한다. 업무 능력이 높은 직원에게는 "매출이 좀처럼 오르지 않는데."라고만 이야기해도 프로모션, 거래선 영업 등을 진행할 것이다. 그러나 아직 업무에 익숙하지 않은 직원이라면 "매출 신장을 위해 거래선들과 회동을 하는 게 좋겠다."라고 구체적인 지침을 주어야 한다. 신입사원이라면 "거래선들과 회동을 하려니 일자와 장소를 정해서 보고를 해달라."라고 더 세부적인 지침을 주어야 한다. 평소 직원을 유심히 관찰해 수준을 파악하고 임파워먼트를 실행하는 것이 바람직하다.

셋째, 작은 성공을 쌓아가며 위임의 수준을 높여가야 한다. 첫술에 배부른 법은 없다. 위임을 하는 쪽과 받는 쪽 모두 성공의 경험을 여러 번 쌓아야 한다. 서로 신뢰가 형성되면 서서히 위임의 수준을 높일 수 있다. 목표 설정, 실행계획 수립, 진행 상황의 공유와 피드백을 하나의 과정으로 묶고 몇 번에 걸쳐 위임을 반복하면 직원의 역량이 점점 향상될 것이다. 위임의 성공적 경험이 충분히 쌓인 후에는 목표한 수준의 위임이 가능해진다.

"이럴 거면 내가 하고 말지!"라며 임파워먼트의 어려움을 호소하는 경영자들이 있다. 그런 분들은 스스로 '누구를 위한 임파워먼트인가?'라는 질문을 해보길 권한다. 일과 권한을 나누는 것은 직원을 성장시키는 훈련 과정이기도 하다. 또한 경영자 자신을 위한 시간과 에너지를 확보하기 위한 방법이기도 하다. 경영자는 미래를 계획하고 회사를 성장시킬 새로운 방법을 찾는 데 시간과 에너지를 써야 한다. 일을 직원들에게 나눠주어야 그 시간과 에너지가 확보된다. 따라서 경영자는 의욕적으로 임파워먼트에 임해야 한다. 평소 직원을 유심히 관찰해 수준을 파악하고 기꺼이 임파워먼트를 실행하는 것이 바람직하다.

## 임파워먼트는 주기보다 빼앗겨야 한다

그렇다면 임파워먼트의 주체는 누구인가? 한 번쯤 고민을 해봄 직한 질문이다. 임파워먼트는 상사가 주는 것인가 부하가 빼앗는 것인가? 흔히 조직에서는 "상사가 부하에게 위임해야 한다."라고 한다. 나는 이 말이 반만 맞다고 생각한다. 상사가 적극적으로 임파워먼트를 하겠다는 의지를 갖추고 시행해야 하는 점에서는 맞다. 하지만 받는 부하 입장에서도 무조건 권한 위임이 떨어지기만 기다려서는 곤란하다. "일을 나눠주고 싶습니까?"라는 질문에 "아니요."라고 답하는 상사를 본 적이 없다. 그들도 일에 치이는 어려운 상황에서 벗어나고 싶어 한다. 그럼에도 할 수 없는 것은 미덥지 못하기 때문이다. 부하는 "상사가 왜 혼자 일을 끌어안고 있을까?"라고 원망하기 전에 상사의 고충을 이해해야 한다. 신뢰는 임파워먼트의 전제 조건이다. 상사 입장에서는 부하를 신뢰할 수 있어야 권한을 위임할 수 있다. 따라서 부하는 먼저 상사의 신뢰를 얻어야 한다. 상사에게서 일을 빼앗아 온다는 각오로 일에 매달려야 한다.

나 역시 부하에게 일을 빼앗긴 즐거운 경험이 있다. 일본 법인장이 되고 얼마 뒤 영업책임자가 본사로 귀임해 공석이 생겼다. 그 자리에 누구를 세워야 하나 고민하던 차에 본사에서 파견 나온 부장이 떠올랐다. 영업을 해본 적은 없었으나 자질은 충분해 보였다. 일본어도 잘했다. 본사에 요청해 그를 영업책임자로 발령을 냈다. 그는 적응기에 많이 힘들어했다. 영업 직무를 처음 해보는 것이라 당연했다. 얼마 지나 그에게서 "가방에 술잔을 들고 다닌다."라는 이야기를 듣게 됐다. 전임자는 영업 베테랑으로 실적도 좋고 거래선과 관계도 좋았는데 자신은 그에 미치지 못한다며 거래선과 관계를 구축하기 위해 애쓰고 있다고 했다. 지금이야 술로 친해진다는 것을 이해하기 어렵겠지만 당시는 회식으로 신뢰를 쌓아갔던 시절이다. 장시간 대화를 하며 '이 친구는 믿고 맡겨도 되겠구나.' 하는 생각을 했고 격려와 지원을 아끼지 않았다.

　　나는 그의 '야무짐'을 중요하게 보았다. 일을 야무지게 한다는 것은 일을 계획함에서 '전략', 실행함에서 '추진력', 어떤 어려움이 있어도 극복하고 이루어냄에서 '집요함'을 합쳐서 표현하는 말이다. 일을 야무지게 해내는 것을 보면 언제나 믿음이 간다. 그가 성과를 내는 데는 오래 걸리지 않았다. 1년도 안 되는 사이에 우리 제품의 시장점유율은 점점 올라갔고 우리와만 100퍼센트 거래하는 고객들이 생겨났다. 그 후 그는 성과와 신뢰를 무기로 내게서 많은 일을 빼앗아갔다.

　　'저 친구에게 맡기면 틀림없이 해낼 수 있을 거야.'라는 믿음을 주는 후배 직원이라면 어떤 상사라도 순순히 자기 일을 내줄 것이다. 따라서 임파워먼트는 부하가 신뢰를 바탕으로 상사로부터 빼앗는 것이다.

"자기보다 더 똑똑한 사람의 도움을 구하는 방법을 알고 있었던 사람이 여기 잠들다."

철강왕 앤드류 카네기의 묘비명은 똑똑한 사람들이 어떻게 성공에 이르는지 잘 보여준다. 인재를 활용하되 그가 책임감과 자율성으로 신바람 나게 일할 수 있도록 해주어야 한다.

실행력을 높여야 하는 기업 조직이라면 임파워먼트로 1석 3조의 효과를 볼 수 있다. 경영자는 시간과 에너지를 확보하고, 직원들은 전문성을 키울 수 있으며, 고객들은 원활한 업무 처리로 만족도가 높아진다. 요즘처럼 경영 환경의 불확실성이 커지는 상황에서 임파워먼트는 조직 전체의 혁신 성과와 시너지를 높이는 방법이다.

# 2부

## 그로쓰!

---

# 성장하는
# 경영자가
# 되다

---

# 3장

# 경영의 실행

: 혁신하는 조직의 실행력은 어디서 오는가

# 1
# 전략

## 변화의 크기와 방향을 살피고
## 실행력을 높여라

　'전략'이란 단어는 경영학에서 가장 많이 등장하는 용어 중 하나다. 많은 정의가 있지만 '기업이 목표하는 것을 달성하기 위한 효율적이며 효과적인 방법'이 가장 일반적이다. 전략에는 회사가 지향해야 하는 방향과 목표를 달성하는 방법과 계획이 담겨 있다.

　최근에 '기술과 환경이 급변하는 시대에 전략이 필요한가?'라는 전략 무용론도 등장했다. 2019년 연말에 시작돼 2021년 지금까지 전 세계를 얼어붙게 한 코로나19로 많은 기업이 속수무책으로 피해를 보고 있다. 그러다 보니 "예측할 수 없고 예측한들 뾰족한 대책을 세울 수도 없는 현실에서 전략이 과연 무슨 의미를 갖는가?"라는 회의적인 물음이 만연해 있다.

그러나 나는 시대와 상황의 변화에 무관하게 전략은 필요하며 이를 세우고 실행하는 것이 중요하다고 생각한다. 첫 번째 이유는 중장기 전략이 유연성을 내포하기 때문이다. '지키지 못할 전략이라면 의미가 없다.'라고 생각하는 경영자들도 있다. 하지만 전략은 목표를 실현하는 방법일 뿐이다. 상황에 맞게 유연하게 바꿀 수 있다. 중장기 전략은 사업의 미래 진행 방향 혹은 비즈니스의 기조다. 물줄기가 돌부리를 만나면 방향을 바꿔서 흘러가듯 중장기 전략은 현재의 변화된 여건과 돌발 상황을 유연하게 대처하게 한다. 중장기 전략에 따라 단기적 전술들을 수정하거나 조정할 수 있다.

두 번째 이유는 전략이 있고 없음에 따라 위기 대처 능력이 달라지기 때문이다. 전략은 실현되지 않은 미래의 계획이다. 상황의 변화를 예상하고 그에 맞는 전략을 짜는 것이 기본이다. 만일 어느 정도 미래의 위기를 예상할 수 있다면 위기를 기회로 바꾸는 것이 가능하다. 물론 쉬운 일은 아니다. 그렇다고 아주 불가능한 것도 아니다. 로열더치셸Royal Dutch Shell은 1970년대 두 번의 오일쇼크가 발생한 위기 속에서 미국을 대표하는 석유 기업으로 성장했다. 그 성공 비결로 '시나리오 경영'을 제시해 화제가 됐다. 지금까지도 미래에 벌어질 수 있는 위험들을 하나의 시나리오로 상정하고 대처 전략을 수립하는 것으로 크게 주목받고 있다. 위기에 강한 기업일수록 플랜 A에서 Z까지 다양한 가상 전략을 세워두는 것은 잘 알려진 사실이다.

세 번째 이유는 전략을 수립하고 실행하는 과정을 통해 조직문화와 개인의 역량이 강화되기 때문이다. 전략은 비전을 실현해가는 기업들이 현재 실행하고 있는 과제다. 뚜렷한 목적의식과 목표의식을 가진 조직과 그렇지 않은 조직 사이에는 엄청난 문화적 차이가 나타난다. 전략을 수립하고 실행하는 과정에서 조직은 긴장도가 높아지고 중간점검 과정에서 역량이 올라간다. 모든 조직이 전략을 성공적으로 달성하는 것은 아니다. 하지만 그 과정에서 유의미한 변화와 성과를 얻는 것만은 틀림없다.

그렇다면 경영자는 어떻게 전략의 수립과 실행을 성공적으로 이끌 수 있을까? 전략의 효율적 실천 방법을 논의하기에 앞서 시대의 불확실성이 갈수록 높아지고 있다는 지적과 이를 해결하기 위해 경영자는 무엇을 해야 하는가에 대해 개인적 견해를 나누고자 한다.

## 불확실성에는 변화의 크기와 방향을 주목하라

최근의 코로나19는 경영자들에게 자연재해처럼 느껴지기도 한다. 그러다 보니 일종의 패닉에 빠져 손을 놓고 상황이 바뀌기만을 기다리는 경영자를 만난 적도 있다. 그들이 토로하는 힘겨운 상황을 듣고 있으면 안타깝다. 그러나 경영자라면 하소연하기보다 위기에 대처하는 자세를 보여야 한다. 어떤 상황에서든 경영자는 리더로서 조직의 모범을 보여야 한다.

나는 그들에게 "코로나19가 앞당긴 사회 전반의 변화가 과연 예상 불가의 상황이었나?"라고 묻고 싶다. 전염병의 대유행 관점에서 살펴보자. 이미 2002년에는 사스SARS가, 2015년에는 메르스MERS 전염병이 돌았다. 코로나19처럼 전염성이 높지는 않았다고 해도 글로벌 전염병의 창궐은 어제오늘 일이 아니다. 앞으로도 있을 것이다. 오로지 예상 불가의 상황이라고만 말할 수 없다. 코로나19 이후에 나타난 언택트 문화도 마찬가지다. 많은 언론이 세상의 중심이 오프라인에서 온라인으로 바뀌었다며 새로운 문명으로 얘기한다. 하지만 코로나19가 영향을 미친 부분은 '방향'이 아니라 '속도'다. 호텔 숙박업과 오프라인 가게들의 매출 하락은 이미 2000년대 초반부터 진행되기 시작했다. 신세대들은 호텔보다 에어비앤비를 선호하고 오프라인에서 물건을 사 나르기보다 온라인 쇼핑 앱을 통해 새벽에 식료품을 배송받는 것에 더 익숙하다. 모바일 기기의 발달과 각종 OTT 서비스의 증가로 언택트 문화는 이미 태동했고 시장의 중심으로 파고들었다. 거대한 변화의 흐름에서 코로나19는 하나의 기폭제로 작용했을 뿐이다. 만일 경영자가 이를 천재지변으로 받아들이고 넋을 놓고 있는 있다면 과연 자신이 경영자로서 미래 전략 수립에 적극적으로 임해 왔는지 반성해보는 기회로 삼아야 할 것이다.

그렇다면 경영자는 불확실성을 해결하기 위해 무엇을 해야 하는가? 나는 현업에 파묻혀 지내는 경영자일지라도 메가 트렌드를 인지하고 자신의 비즈니스와 연결해 사고하는 습관을 들여야 한다고 조언하고 싶다. 미래 상황에 대한 합리적인 예측, 이를 바탕으로 한 미래 전략 수립, 위기 대처 능력의 향상은 하나의 고리로 이어진다. 경영자가 트렌드 변화에 민감하고 이를 제품과 소비자에 대한 통찰로 묶어낼 수 있어야만 미래 전략을 잘 세울 수 있다. 시대가 요구하는 경영자가 되도록 유연성과 적응력을 키워야 할 것이다. 구체적으로 산업, 사업, 경영에 미치는 '변화의 크기와 방향'을 주목해야 한다. 산업의 패러다임이 바뀌면 사업 모델도 바뀌게 마련이다. 또한 경영자는 새로운 경영방식으로 변화를 수용하며 조직을 이끌어야 한다.

산업의 패러다임 변화는 뜨는 산업과 지는 산업의 대조로 극명하게 보인다. 2021년 기준 4차 산업혁명과 코로나19의 영향으로 백신과 바이오 산업은 성장하지만 여행과 전통 제조업은 사양세로 접어들었다. 사업 모델의 경우 오프라인 중심의 소매업체들이 온라인 쇼핑몰 중심으로 재편되고 있고 비대면 비즈니스가 일반화되고 있다. 이에 따른 경영방식의 변화는 대표적으로 재택근무를 들 수 있다. 조직의 운영 체계가 달라지면서 성과관리와 리더십 등이 달라져야 한다. 경영자는 조직 운영에 새로운 시스템을 고민해야 하는 상황이다. 메가 트렌드의 변화는 거대한 폭풍으로 끝나지 않고 우리 일상을 구석구석 파고들어 변화를 유도한다. 경영자는 이 부분을 놓쳐서는 안 된다. 트렌드가 본격화되기 전에 흐름을 읽고 선제적으로 전략을 수립해 실행해야 한다. 그래야 위기 대처 능력이 뛰어나고 실행력이 높은 전략을 수립할 수 있다. 성공적 실행으로 기업이 존속할 수 있을 뿐만 아니라 성장할 수 있다.


## 점검과 복기로 전략의 실행력을 높여라

많은 경영자는 전략을 세워도 잘 실행되지 않는다는 고민을 토로 한다. 코칭, 멘토링, 경영 자문 등을 통해 조직을 들여다보면 고민의 이유를 알 것도 같다. 많은 기업이 '전략 따로 실행 따로'의 조직 구조다. 일부 경영자들은 스태프 부서를 이용해 전략은 짜지만 실행은 현업 부서 직원들이 알아서 해줄 것이라고 기대한다. 이런 식이면 전략은 '멋진 그림'에서 멈추기 십상이다. 스태프 부서는 여러 분석 툴을 활용해 전략을 수립하고 발표까지 했으니 자기 할 일은 다했다고 생각한다. 특히 조직의 상부로 올라갈수록 전략을 수립한 것으로 역할을 다했다고 생각하는 경향이 있다. 실행은 현업 부서가 할 일이라고 생각한다. 그러나 현업 부서는 매일매일의 운영에 바빠 전략을 신경 쓸 겨를이 없다. 자신들이 수립한 전략이 아니니 실행 의지도 없고 남의 일이다. 이를 타개할 방법은 하나뿐이다. 경영자가 직접 나서야 한다. 수립된 목표와 전략이 제대로 추진될 수 있는 환경을 조성하고 추진할 수밖에 없는 실행 시스템을 구축해야 한다.

내가 새로운 사업을 맡고 업무파악을 할 때 해외 공장에 문제가 많다는 것을 확인한 적이 있다. 철저하게 문제점을 분석해 대책을 수립했다. 대책 방안대로 실행하면 문제를 확실히 개선할 수 있겠다고 생각했다. 그러나 주변에서는 별로 미더워하지 않았다. 왜 그런가 하고 물어보았더니 "과거에도 비슷한 대책을 보고했지만 몇 년이 지난 지금까지도 바뀐 게 없다."라며 예전 보고서를 하나 건네주었다. 그 보고서를 읽어보니 이번 대책과 거의 유사한 내용이 담겨 있었다. 나는 몹시 당황해 책임자를 불러 어떻게 된 것인지 물어보았다. 그는 "신제품이 밀려들어 오고 라인을 증설하고…… 당장 해야 할 임무가 들어오니까 전략 수립만 해놓고 실행이 계속 미루어졌습니다." 하고 대답했다. 그 후 나는 전략을 실행하는 과정에서 직접 챙기며 드라이브를 거는 역할을 자처했다.

제일모직에서 편광필름 사업의 흑자화를 진행할 때 일이다. 만성 적자 사업이었으므로 먼저 사업을 흑자로 전환하고 이후 단계를 밟아야 했다. 나는 1단계 제조 경쟁력(품질, 생산성), 2단계 제품 경쟁력(신기술, 신제품), 3단계 사업 경쟁력(투자, 사업 확대) 순으로 전략 방향과 목표를 설정하고 추진해나갔다. 우선 1단계 제조 경쟁력 강화가 가장 시급했다. 그러기 위해 먼저 환경과 시스템을 구축했다. 당시 편광필름 조직은 개발과 영업은 수원에 있었고 공장은 청주에 있었다. 신제품을 개발해 양산하기 위해 개발자들이 수원과 청주를 왔다 갔다하며 일했다. 개발 담당자가 생산라인을 모르니 공장에서 문제가 생기면 해결하기까지가 그야말로 하세월이었다. 이 상태로는 안 되겠다고 판단해 개발, 영업, 기술, 구매 등 모든 기능을 공장이 있는 청주로 통합했다. 의사결정 후 즉시 개발 부서 직원들에게 "흑자를 만들면 복귀시키겠다."라는 약속을 하고 짐을 싸서 내려보냈다. 부서 간 정보 공유를 활성화하고 문제가 생겼을 때 신속하게 협업해 해결하는 데 꼭 필요한 조치였다. 실행해보니 그 효과가 매우 컸다.

그다음으로 실행 시스템을 풀가동할 차례였다. 나는 매주 청주로 내려가 품질개선 회의와 생산성 회의를 주재했다. 제일모직에는 단위 사업이 10개 넘게 더 있었다. 다른 사업들은 월간 회의나 반기별 회의를 하고 있었다. 그런데 편광필름 사업만은 사장이 매주 청주 공장으로 내려와 직접 회의를 챙기니 사업팀장과 직원들은 긴장을 늦출 수가 없었다. 솔직히 나도 처음 회의를 주재할 때는 모르는 전문 용어도 많고 생소한 사업 영역이라 이해도 되지 않아 여러 가지 어려움이 있었다. 그러나 사장이 매주 내려와 앉아 있는 것 자체로 의미가 있었다. 주마다 내려오는 사장 때문에라도 직원들은 죽기 살기로 혁신에 매달렸다. 모두가 열정을 다했기에 혁신의 속도가 빨라졌고 불과 6개월 만에 흑자 전환을 이루었다. 개발팀원들은 1년 만에 수원으로 복귀할 수 있었다. 후에 사업팀장에게서 "주마다 하는 품질 개선 회의가 어찌나 빨리 돌아오는지 정말 힘들었습니다."라는 고백과 함께 "성공의 경험을 쌓는 의미 있는 시간이었습니다."라는 얘기를 들었다. 사장의 의지에 맞춰 실행해준 사업팀장과 팀원들에게 항상 고맙게 생각한다.

전략은 말이 아니라 실행이다. 그리고 실행에는 명확한 주체가 있어야 한다. 실행의 주체가 해야 할 일은 '점검'과 '복기復記'다. 먼저 주기적으로 전략대로 제대로 되는지를 점검한다. 이때 제대로 되지 않는 부분이 생긴다면 복기가 필요하다. "계획 때 상정한 상황과 현실은 같은가, 다른가?" "만일 다르다면 환경 변화를 왜 예측하지 못했는가?" "불가피한 것인가 아니면 사전에 분석이나 고려가 미흡했던 것인가?" 등을 질문해본 후에 유연하게 대응하면 된다. 이와 달리 예상과 일치하는데도 실행이 제대로 이루어지지 않는 상황이라면 실행력을 보완할 방법을 고려한다. 경영자가 점검과 복기를 제대로 한다면 조직의 실행력에도 강력한 에너지가 더해질 것이다.

나는 경영 현장에서 직원들에게 실행을 강조하면서 "성공은 And (앤드) 방정식'입니다."라는 말을 자주 했다. 전략을 세우는 것은 전체 전략의 실행에서 1할 또는 2할의 부분밖에 안 된다. 8할 이상은 실행의 영역이다. 그만큼 실행이 중요하다. 그런데 실행도 그냥 실행이 아니다. 각자의 영역에서 실수가 없도록 노력해야 한다. '이것'과 '저것'과 '그것' 모두 완전해야 온전한 혁신이 가능하고 전략의 실행이 완성된다. 경영자 역시 큰 그림을 보고 전진하면서 목표가 달성될 때까지 끈질기게 실행하는 집요함을 놓쳐서는 안 된다. 어렵지만 그걸 해내는 것이 경영자다.

# 2
# 혁신

## 새로운 개혁은
## 언제나 극한도전이다

"혁신이란 무엇인가?"

모든 기업과 조직이 혁신을 부르짖고 있다. 혁신의 중요성에 대해 공감하지 않을 조직이나 조직원은 없다. 그러나 정작 "혁신이란 무엇인가?" "무엇을 혁신해야 하는가?" "어떻게 혁신해야 하는가?"를 물었을 때 답은 제각각이다. 비즈니스 현장에서 혁신이란 개념은 상당히 모호하고 범위가 넓다. 현실에 대한 명쾌한 진단, 혁신이 필요한 부분의 확정, 혁신의 결과물에 대한 정확한 규정 없이는 공염불에 그치는 경우가 많다.

내가 현직에 근무하는 동안 전사적 생산보전TPM, Total Productive Maintenance, 리엔지니어링Reengineering, 식스 시그마Six Sigma 등 다양한 혁신 이론이 세상에 나왔고 유행처럼 기업으로 퍼져나갔다가 이렇다 할 성과를 내지 못하고 사라졌다. 물론 몇몇 혁신 활동들이 좋은 결과를 낳지 못했다고 해서 혁신 활동이 의미 없다고 비판하는 것은 아니다. 현재의 모든 기업은 그 자체로 혁신의 결과물이다. 삼성전자의 반도체 사업 역시 지난 40여 년 동안 양적으로 질적으로 혁신하며 성장했다. 나는 특히 이윤우 부회장의 '성장 혁신', 황창규 사장의 '시장 혁신', 권오현 회장의 '격차 혁신'으로 이어지는 3대 혁신이 누적돼 오늘의 삼성이 됐다고 생각한다.

이윤우 부회장은 메모리 사업 초기 '성장 혁신'을 이끌었다. 그의 리더십 아래에 삼성 D램이 세계 1위로 올라섰다. 1983년에 메모리 사업을 시작했고 1992년에 D램이 세계 1위로 등극했다. 사업을 시작하고 채 10년도 안 된 시기였다. 사업 초기의 수많은 난관을 극복하고 후발주자로서 세대를 건너뛰는 투자 전략 등 무모하리만큼 도전적인 목표 설정과 그것을 이루어내는 혁신이 성장의 원동력이었다.

황창규 사장은 '시장 혁신'을 이루었다. 초기 메모리 반도체는 PC와 서버를 위한 D램이 거의 전부였다. 일반 산업용 D램 시장이 있었지만 시장 규모가 작았고 성장률도 완만했다. 황 사장은 1990년대 후반에 무선통신 기술의 발달로 휴대폰 시장이 태동하자 모바일 D램을 개발해 거대한 신규 시장을 이끄는 기폭제로 만들었다. 현재 모바일 D램 시장 규모는 PC용보다 크다. 또 낸드플래시Nand Flash로 스토리지 메모리라는 새로운 시장을 창출했다. 요즘 일상화된 휴대폰과 디지털 카메라의 메모리카드 시장을 연 것이다. 낸드플래시는

D램과 함께 오늘날 메모리의 양대 주력 시장으로 자리 잡았다.

권오현 회장은 초격차를 모토로 한 '격차 혁신'을 이루었다. 권 회장은 단순히 메모리 1위가 아니라 경쟁사가 넘볼 수 없는 초격차를 추진했다. 권 회장은 혁신의 목표가 이론적 극한값이거나 세계 최고 수준이어야 한다고 강조했다. 극한의 혁신을 통한 초격차 1위 달성을 중장기 목표로 수립했고 기존 대비 20~30퍼센트의 개선이 아니라 2배, 3배의 혁신을 요구했다. 그의 초격차 리더십으로 삼성은 한번 더 변모했다. 인텔을 뛰어넘는 세계 1위 반도체 기업이 됐다.

3대에 걸친 혁신은 삼성이 IT 시대 선도 기업으로 명성을 떨칠 수 있게 했다. 현재는 김기남 부회장이 바통을 이어받아 파운드리Foundry와 시스템 반도체 사업 역량 강화라는 또 다른 혁신을 추진하고 있다. 앞으로 또 다른 반도체 혁신을 기대해본다.

## 시대와 상황에 맞는 혁신을 추구하라

중요한 것은 '시대와 상황에 맞는 혁신'이다. 필요한 때에 필요한 형태의 혁신이 진행돼야만 성장의 속도를 늦추지 않고 목표한 지점으로 달릴 수 있다. 그렇다면 경영자는 어떻게 혁신이 필요한 부분을 규정하고 정확하게 혁신 활동을 추진할 수 있을까?

롤프 스미스Rolf Smith는 저서 『개인과 조직의 혁신을 위한 변화 7단계』에서 혁신의 7단계를 효과-효율-개선-삭제-모방-차별화(창조)-불가능에 대한 도전으로 명시하고 각 범주의 활동을 소개했다. 삼성인력개발원 신태균 전 부원장은 이 내용을『인재의 반격』에서 소개했다. 그의 글을 인용해본다.

혁신의 1단계는 '효과'를 목표로 한다. 실행에 성공했다면 1단계의 혁신은 성공했다고 해도 무방하다. 2단계는 '효율'이다. 올바르게 일을 하는 것을 의미한다. 비록 성공해 원하는 결과를 얻었더라도 과도한 비용이나 희생이 있었다면 효율적이지 못한 활동으로 평가하게 된다. 3단계인 '개선'은 효율 단계보다 확실하게 나아진 부분이 있어야 한다. 4단계 '삭제'는 하지 않아야 할 일을 하지 않는 것이다. 안 해야 할 것을 안 할 수 있는 능력이 필요한 단계다. 개선 중에도 불필요한 작업이 남아 있지 않은지 점검해야 한다. 5단계인 '모방'은 흔히 말하는 벤치마킹이다. 선진 기업의 방식을 배워 그 수준까지 끌어올리는 단계다. 6단계는 '차별화', 즉 '창조'의 단계다. 선진 기업에서 더 이상 배울 것이 없을 때는 스스로 혁신을 만들어나간다. 퍼스트 무버 First Mover로서 자기 길을 개척하는 것으로 진정한 의미의 혁신이 시작된다고 볼 수 있다. 7단계는 '불가능에 대한 도전'이다. 혁신의 마지막 단계로 이전까지 도전하지 않은, 무모하다고 할 수 있는 도전적 혁신을 이룬다. 매우 어렵고 시간과 에너지가 많이 든다. 하지만 넘을 수 없는 벽을 넘어서는 것으로 인류에 새로운 기회를 제공한다.

물론 모든 경영자는 궁극적으로 7단계의 혁신을 이루고 싶을 것이다. 그러나 이는 개인적 욕심일 뿐 비즈니스 현장에서 필요한 것 그리고 꼭 해야만 하는 것은 다를 수 있다. 경영자는 명확한 진단과 비전을 수립해 혁신의 단계를 설정하고 조직을 하나의 목표로 이끌어야 한다. 한 기업 내에서도 사업별, 분야별, 기능별, 지역별, 부서별로 혁신의 목표가 다를 수 있다. 하지만 하나의 조직 내에서는 동일한 목표를 공유해야 한다. 만일 경영자가 조직의 목표를 조직원 전체의 목표로 동화시키지 못한다면 원하는 혁신을 이루는 것은 불가능하다. 경영자는 7단계 중 필요한 단계를 지정하고 지식, 기술, 경험을 총동원해 혁신을 감행해야 할 책무가 있다.

## 현장을 새롭게 보고 혁신의 목표를 세워라

경영 현장에서 혁신의 범위는 다양하다. 그중 혁신이 진행되는 가장 일반적인 분야가 제품 성능과 제조 현장이다. 따라서 이 부분을 중심으로 내 경험과 생각을 얘기하고자 한다.

첫째로 혁신은 그렇게 거창한 것이 아니다. HDD 사업을 맡았을 때 공장을 중국으로 이전하기 위해 생산 설비 이전을 진두지휘한 적이 있다. 설비의 양이 어마어마했으므로 이전 후 안정화에만 3개월이 걸린다는 계산이 나왔다. 개선의 여지가 없을까를 고민하는데 설비 전문가에게 해체 전에 설비와 설비 간 이음부에 십자 표시(+)를 하고 이동 후 재조립 시에 십자 표시를 맞추는 방법을 제안받았다. 그 방식대로 설비 이전을 하도록 지시했다. 이 사소한 개선으로 안정화 기간을 3개월에서 2주로 줄일 수 있었다. 혁신의 7단계 중 3단계인 개선에 해당한다. 조직원들은 간단한 작업 추가가 이룬 개선 효과에 매우 놀라워했다. 원대한 비전이나 경영 전략 등 거창한 것들을 이야기할 때보다 반응이 더 뜨거웠다. 혁신을 거창하고 어렵게 생각하기보다는 경영 현장에서 일어나는 모든 것을 새롭게 보고 혁신하려는 자세가 중요하다.

둘째로 혁신 목표를 어디에 두느냐에 따라서도 방법과 결과물이 달라진다. 이건희 회장은 혁신을 강조하며 '마하 경영'이라는 개념을 소개했다. "제트기가 음속의 두 배로 날려면 엔진의 힘만 두 배가 필요한 게 아니다. 재료공학부터 기초물리, 모든 재질과 소재가 바뀌어야 가능하다." 이 회장은 제트기가 음속을 돌파하려면 모든 것을 바꿔야 하듯이 삼성이 초일류기업이 되기 위해서는 체질과 구조를 근본적으로 바꾸어야 한다고 강조했다. 이 회장의 이 같은 철학은 실무 경영자들이 극한의 도전을 수행하도록 이끌었다. 권오현 회장도 저서 『초격차』에서 목표 설정의 중요성을 여러 차례 언급했다. 달리는 제품을 개발한다고 하자. 스피드 목표를 시속 20킬로미터로 정하면 자전거를 개발하게 된다. 시속 100킬로미터를 목표로 하면 자동차를 개발하게 된다. 목표를 획기적으로 높여 시속 1,000킬로미터로 잡으면 비행기를 개발하게 된다. 목표를 어떻게 세팅하느냐에 따라 전혀 다른 차원의 접근이 이루어져야 하고 성과도 달라진다.

제일모직 사장 시절에 편광필름 생산성 향상을 위한 극한 도전을 시도한 적이 있다. 실무자들이 필름 생산 속도를 25퍼센트 향상하겠다는 목표를 보고했다. 나는 "경쟁사는 얼마인가?"를 물어보았다. 경쟁사들은 우리보다 30퍼센트 정도 높은 수준이라고 했다. 우리가 25퍼센트를 향상해도 경쟁사 대비 열세였다. "설비가 허용하는 최대치까지 높이면 얼마인가?"를 물었다. 75퍼센트가 설비 한계치라고 했다. "그렇다면 25퍼센트를 취소하고 75퍼센트로 하라."라고 지시했다. 실무자들은 당황해했다. 25퍼센트 생산성 향상 목표도 도전적인데 한 번에 75퍼센트 향상을 목표로 한다는 것은 도저히 무리라는 것이다. 일단 25퍼센트를 향상하고 안정화 이후 다시 향상 목표를 잡겠다고 말했다. 나는 물러서지 않았다. 혁신 목표는 '세계 최고 경쟁력'이거나 '설비 한계치에 도전하는 것'이라고 강조했다.

"한 번 개선하는 데 많은 시간과 비용이 들어갑니다. 그런 노력을 찔끔찔끔하는 것은 비효율적이고 혁신이 아닙니다. 혁신에 대한 기본 개념과 의식을 바꿔야 합니다."

처음에는 나를 설득하고자 했던 직원들이 마침내 내 이야기를 들어주었다. 나중에 들기로는 내가 무지막지하게 밀어붙이니까 사업팀장과 실무자들이 고민했다고 한다. 누가 나에게 "75퍼센트 목표는 불가능합니다."라고 보고를 할지 얘기까지 오갔다. 그러나 사장이 추호도 물러설 기미를 보이지 않자 사업팀장이 직원들을 설득하기 시작했다. "사장이 저렇게 강하게 강조하는데 한번 해봅시다."라고 설득한 덕분에 혁신을 추진할 수 있었다. 결국 '75퍼센트 생산성 향상 목표'는 성공했다. 경쟁사 대비 열세였던 제일모직 편광필름의 생산성은 업계 최고가 됐고 제조 경쟁력 역시 높아졌다.

조직원들의 의식도 크게 달라졌다. 어떤 직원들은 "인생관이 달라졌습니다."라며 불가능해 보였던 도전적 목표였지만 해보니 되는 걸 알았다고 했다. 이것이 계기가 돼 제일모직은 이후 많은 혁신을 이룰 수 있었다. 중국에 신규 공장을 건설할 때는 업계 최고의 압도적인 생산성을 목표로 했고 이 또한 실현돼 경쟁력의 원천이 됐다.

## 누구를 위한 혁신인지 끊임없이 자문하라

마지막으로 '누구를 위한 혁신인가'를 자문하라는 말을 더하고 싶다. 많은 기업이 고객을 위해 혁신을 추진한다고 이야기하며 다양한 기술과 제품을 만들어낸다. 엄청난 시간과 노력과 비용이 들어가는 혁신의 결과다. 그러나 이런 결과가 모두 고객의 열렬한 환호라는 성공으로 평가되지는 않는다.

하버드대학교 경영대학원의 클레이튼 크리스텐슨Clayton Christensen 교수는 저서 『혁신기업의 딜레마』에서 '위대한 혁신이 왜 실패하는가?'에 대한 이유를 설명했다. 대표적으로 기술적 진보를 과시하는 제품들을 시장이 선택하지 않기 때문이다. 기업은 더 좋은 제품을 더 높은 가격에 팔아서 이윤을 내고자 하지만 고객들은 필요치 않은 기술에 비싼 값을 지불하는 것을 거부한다. 오히려 저렴한 가격의 대중적 기술과 단순한 상품을 더 선호한다.

나도 사장 시절에 신제품 개발을 보고 받을 때마다 "이번 신제품에 적용된 기술이 대단한 기술이고 고난도 기술입니다."라는 얘기를 수없이 들었다. 그러나 그것은 개발자가 가진 기술 관점의 시각일 뿐이다. 기술의 고난도와 일반 고객이 느끼는 효용 가치는 별개다. 고객 중심의 혁신이란 고객이 느끼는 가치를 기준으로 진행돼야 한다.

첨단 기술이라도 고객이 가치를 느끼지 못한다면 아무 의미가 없다. 경영자는 '혁신만을 위한 혁신'을 경계해야 한다. 자기 혁신에 매몰돼서 고객과 시장이 원하는 것을 경원시해서는 안 된다. 혁신이란 생산자의 가치와 고객의 가치가 함께 증대돼야 한다.

혁신이란 완전히 다른 차원의 변화다. 혁신革新의 한자는 가죽 혁革에 새로울 신新이다. 가죽 혁 자는 사냥한 짐승의 날가죽을 펴놓고 털을 뽑는 모양을 본뜬 글자라고 한다. 털이 뽑힌 가죽은 다른 것으로 새롭게 바뀐다. 혁신은 짐승 가죽이 가방이 되고 신발이 되는 것을 뜻한다. 완전히 새롭게 달라져야 혁신을 이룰 수 있다는 뜻이다.

나는 '쇠재두루미론'을 들어 혁신의 필요성을 강조해왔다. 쇠재두루미는 크기가 1미터 남짓 된다. 평상시 몽골 초원에서 지내다 겨울이 오면 해발 8,000미터의 히말라야를 넘어 따뜻한 인도로 날아가는 철새다. 혹독한 환경의 히말라야를 넘기 위해 쇠재두루미는 스스로 체질을 바꾼다. 초식에서 잡식으로 식성을 바꿔 몸을 가볍게 하고 가늘고 긴 호흡법을 익혀 해발 8,000미터의 얼음 공기에도 심장마비를 일으키지 않도록 한다. 기업의 경영 환경 역시 불확실성으로 매우 혹독해지고 있으니 쇠재두루미와 같이 생존을 위해 체질부터 완전히 바꾸자고 이야기했다. 묵은 관습, 조직, 방법을 바꾸어 온전히 새로워지자고 강조했다.

많은 경영자가 쇠재두루미와 같이 지금도 뼈를 깎는 마음으로 스스로를 혁신하고 있다. 우리의 기업들이 크고 작은 혁신의 성공으로 다시 도약하는 날을 기대해본다.

# 3
# 리더십

## 카멜레온 리더십이
## 혁신을 이끈다

"가장 이상적인 조직은 어떤 모습인가?"

나는 『홍길동전』의 홍길동과 같은 조직이라고 생각한다. 홍길동은 분신술을 쓴다. 자기 머리카락을 뽑아 '훅!' 하고 불면 머리카락이 수많은 홍길동으로 변해 적과 싸운다. 전체는 완벽한 한 명의 홍길동이지만 각각은 완전히 자율적이고 독립적이다. 스스로 상황을 판단하면서 적과 싸운다. 이 분신술을 회사에 적용하면 어떤 모습일까? 조직 단위로는 전체가 지향하는 비전, 목표, 방향에 대해 공유하고 개인 단위로는 각자의 위치와 역할에서 자율적으로 일하는 조직이다. 이것이 내가 생각하는 이상적인 조직의 모습이다.

어떻게 이런 조직을 구현할 수 있을까? 리더십으로 구현할 수 있다. 선장이 바로 서야 풍랑 속에서도 배가 난파되지 않듯 어느 조직이든 리더가 제 역할을 다해야 이상적인 조직의 모습을 구현할 수 있다. 리더의 모습은 리더십으로 대변된다. 나는 '사업의 장長'이 되고부터 리더십에 대해 깊은 고민을 시작했다. 그제서야 많은 리더가 리더십에 관심을 갖고 연구를 하지만 구체적인 내용에 대해서는 잘 모른다는 것을 알았다. 많은 리더가 자기 스타일대로 조직을 관리하지만 갖가지 어려움에 부딪힐 때 해결할 묘안을 갖고 있지 못했다. 나역시 '당장 무엇을 어떻게 해야 하는가?'에 대한 답을 찾기 어려웠다.

나는 경영 현장에서 어깨너머로 리더십을 배우고자 노력했다. 각종 이론서를 탐독하며 이상적인 리더십을 구현하는 방법에 대해서 고민했다. 개인적으로는 삼성이라는 큰 조직에서 다양한 선배 리더들을 보고 배울 수 있었던 것이 큰 도움이 됐다. 시행착오를 통해 배운 바도 많았다. 그러나 모든 상황에 맞아떨어지는 만병통치약과 같은 리더십은 존재하지 않는다는 것을 깨달았다. 특히 회사의 상황과 조직원의 역량은 '조직이 필요로 하는 리더십'에 매우 큰 영향을 미쳤다. 리더는 회사의 상황과 조직원의 역량에 따라 카멜레온과 같이 변화된 리더십을 보여줄 수 있어야 한다는 결론에 이르렀다.

'내게 가장 잘 맞고 꼭 필요한 리더십은 무엇인가?'

다양한 리더십이 존재한다는 것을 확인하고 나서 드는 질문이었다. 아마도 많은 경영인이 이와 같은 질문을 하리라 생각한다. 나는 경영자가 갖춰야 할 리더십으로 비전 리더십, 상황적 리더십, 코칭 리더십 이 세 가지 유형을 정립했다. 세 가지 리더십의 근간은 '일이

되도록 하는 것'이다. 일이 되려면 우선 조직의 목표가 잘 수립돼야
하고(비전 리더십), 변화되는 상황에 잘 적응해나가야 하며(상황적 리더
십), 개개인의 역량이 잘 구현되도록 이끌어야 한다(코칭 리더십).

　이는 하나의 책이나 경영학 이론으로 정립된 것은 아니다. 내 경험
과 다양한 이론들을 섭렵해 정리한 것이다. 개인적으로는 이 세 가지
유형의 리더십을 체화함으로써 현장의 혁신을 이끌고 조직원들의
역량을 충분히 끌어올릴 수 있었다고 생각한다. 이상적인 리더십의
롤 모델을 찾는 후배 경영인들에게도 도움이 되리라는 기대로 각각
의 리더십을 소개하고자 한다.


## 세 가지 리더십을 체화해 현장의 혁신을 이끌어라

　첫째, 비전 리더십은 회사가 지향해야 할 미래의 모습과 방향을 설
정한다. 비전 리더십의 대표적 인물은 마틴 루터 킹Martin Luther King 목
사다. 그는 「내겐 꿈이 있습니다I have a dream」라는 연설문을 통해 흑인
인권 운동의 부흥기를 이끌었다. 현대의 리더들 역시 비전 리더십을
통해 조직원들의 동참을 이끌고 원하는 목적지로 인도하고 있다.

　비전 리더십이 잘 발휘되기 위해서는 비전의 구체성, 공감, 한 방
향 정렬이라는 세 가지 요건이 충족돼야 한다. 비전의 구체성이란 목
표의 구체성과 같은 말이다. 단순한 구호가 아니라 변화된 모습을 눈
으로 그려볼 수 있게 현실적이어야 한다. 공감은 조직원들의 마음에
서 일어나는 것이다. 리더가 제시한 비전에 조직원들이 공감해야 동

기부여와 자발성이 확보될 수 있다. 한 방향 정렬은 전략과 조직 등이 한 방향으로 정렬돼 나아가는 것을 말한다. 비전이 현실화되기 위해서는 비전, 목표, 시스템이 하나로 이어져야 한다. 이를 정렬하는 과정에서 리더는 구심점인 동시에 가이드라인이 돼야 한다.

개인적으로 최근에 비전 리더십의 요건을 잘 갖춘 인물로 일론 머스크Elon Musk를 꼽는다. 그는 저가형 우주여행과 화성 도시 건설 비전을 가지고 스페이스X를 설립했다. 그는 "우주 시대를 열겠습니다."라고만 말하지 않고 "기존의 10분의 1의 가격으로 우주여행을 실현해 인류를 화성으로 이주시키겠습니다."라고 제시했다. 또한 지속 가능한 에너지 수단을 개발하기 위해 테슬라에서 전기 자동차를 제조한다는 비전을 실행했다. 그의 비전 리더십 덕분에 테슬라는 2020년 자동차 총 판매 대수가 50여만 대에 이르고 같은 해 12월에 시가총액 684조 원의 기업으로 성장했다.

나는 사업 책임자가 될 때마다 그 사업의 미래 비전을 그려보곤 했다. HDD는 사업 초기에 매각하는 바람에 그 의미가 없어졌다. 하지만 LED 사업을 맡았을 때는 빛을 내는 모든 발광체가 LED로 바뀌는 세상을 꿈꿨다. 직원들에게 'LCD TV의 백라이트가 LED로, 백열전구와 형광등의 모든 조명이 LED로, 자동차 헤드라이트와 빛을 내는 수많은 발광체가 LED로 바뀌는 세상'을 비전으로 제시했다. 그 후 구체적인 개발 전략과 로드맵을 제시하며 혁신을 이끌어낼 수 있었다.

삼성SDI 사장이 돼서는 배터리가 중심이 되는 사물배터리 세상을 꿈꿨다. 휴대폰이나 노트북 컴퓨터 등 개인 휴대기기는 물론 드론과 전기 자동차 같은 이동 수단, 가정용 청소기, 에너지 저장 장치 등 집에서 생활하는 제품 곳곳에 배터리가 사용되는 세상을 그리며 직원들과 꿈을 공유했다. 그리고 실현하기 위한 구체적인 목표를 수립했고 현실화하는 작업에 착수했다. 모든 자동차가 전기 자동차로 바뀌는 세상을 상정해 전기차와 내연기관차가 동일한 가격대가 될 수 있는 배터리 가격, 내연기관과 같이 500킬로미터 이상을 주행할 수 있는 대용량 배터리 개발, 글로벌 자동차 회사들에게 배터리를 공급할 수 있는 글로벌 생산 거점 등이 구체적인 목표로 수립됐다. 이를 임직원들과 공유하며 혁신의 드라이브를 가동했다.

둘째, 상황적 리더십은 추진함에 있어서 회사가 처한 상황에 따라 유연하게 조직을 이끌 수 있는 리더십이다. 상황적 리더십은 경영자가 일을 추진하는 과정에서 발휘해야 하는 리더십이다. 다양한 상황 변수에 따라 적시 적소에 필요한 리더십을 발휘하는 것을 말한다. 일반적으로 기업은 창업에서부터 성장기, 성숙기, 쇠퇴기의 사이클을 밟는다. 각 단계에서 내외부의 환경에 따라 경영의 부침이 있을 수 있다. 기업의 단계와 기업이 처한 환경에 따라 요구되는 리더십은 각기 다를 수밖에 없다.

창업기에는 명확한 비전과 강력한 추진력으로 초기의 어려움을 극복하면서 사업을 정착시키는 리더십이 필요하다. 성장기에는 사업 확장에 따라 필요로 하는 회사의 시스템과 인재를 육성하는 리더십이 필요하다. 성숙기에는 내실을 다지는 것이 중요해진다. 양보다는 질 중심의 경영으로 전환하고 혁신을 통해 최고의 효율을 추구하는 리더십을 가져야 한다. 쇠퇴기에는 기존 사업은 축소하고 조정하면서 신규 사업을 모색해야 한다. 회사가 새로운 수명 사이클을 시작하도록 이끄는 리더십이 필요하다. 삼성 반도체의 40년 역사를 산업 사이클에 대입해보면 이윤우 부회장은 사업 초기에 적합한 성장 혁신 리더십을, 황창규 사장은 성장기에 적합한 시장 혁신 리더십을, 권오현 회장은 성숙기에 적합한 격차 혁신 리더십을 발휘한 것으로 해석할 수 있다.

내 경우는 현직 때 다양한 적자 사업의 책임자였으므로 나름대로 '스톡데일 리더십'이라고 명명한 위기 탈출 리더십을 실현하고자 노력했다. 제임스 스톡데일James Bond Stockdale은 베트남 전쟁에서 8년간 포로 생활을 했던 미군 장교다. 그는 석방 후 "낙관적 미래가 올 것은 확신하되 냉혹한 현실은 직시하라."라는 유명한 말을 남겼다. 그는 대부분의 포로들이 '곧 석방되겠지.'라는 근거 없는 낙관적 기대를 하다가 반복되는 상실감으로 죽음에 이르렀지만 자신은 '반드시 석방될 것'이라는 희망과 의지를 불태우면서도 '당분간은 여기서 나가지 못할 것'이라는 눈앞의 현실을 직시한 덕분에 생존할 수 있었다고 말했다. 그는 많은 경영자에게 '밝은 미래를 강하게 확신하면서 동시에 눈앞에 닥친 냉혹한 현실을 외면하지 말고 직시하라.'라는 메시지를 전했다. 그의 태도를 '스톡데일 패러독스Stockdale Paradox'라고 부른다.

적자 사업의 책임자였던 내게 스톡데일 패러독스는 남다른 교훈을 주었다. 삼성SDI 사장 시절에 미래는 모두 전기 자동차화가 될 것이므로 '세계 1위 자동차 배터리 업체'라는 큰 비전을 세웠지만 적자라는 냉엄한 현실을 직시해야 했다. 현재의 어려움을 극복하고 미래 비전을 달성하는 것이 나의 미션이었다. 둘 사이의 균형을 잡는 것이 매우 중요했다. 장기적으로는 비전을 보되 단기적으로는 살아남는 생존의 과정에 있다는 것을 잊지 않았다.

셋째, 코칭 리더십은 일을 담당하는 임직원들의 자발성과 적극성을 극대화할 수 있는 리더십이다. 상황적 리더십이 경영 상황을 주시하며 적시 적소에 발휘해야 하는 리더십이라면, 코칭 리더십은 일을 실행하는 과정에서 직원들에게 적용하는 리더십이다. 코칭의 기본 철학은 '사람은 누구나 잠재력이 있으며 자기 과제를 해결할 답을 내부에 가지고 있다.'라는 것이다. 리더가 코칭 리더십을 효과적으로 발휘하면 부하직원 개개인의 역량이 향상돼 성과를 극대화할 수 있다. 코칭의 기본 활동은 경청과 공감, 인정과 칭찬, 질문과 피드백이다. 기본 활동을 체화해 리더십으로 활용하면 자연스럽게 코칭 리더십의 성과를 확인할 수 있을 것이다.

경청은 마음을 기울여 진심으로 듣는 것이다. 대화에서 말로 표현되는 것은 7퍼센트에 지나지 않는다고 한다. 몸짓, 시선, 자세 등 비언어적 메시지들이 훨씬 더 많다는 뜻이다. 비언어적 메시지들까지 듣는 자세가 필요하다. 경청을 하면 공감이 일어난다. 상대방의 마음을 헤아리게 되고 상대도 존중받고 있다고 느끼기 때문에 소통이 원활해진다.

인정과 칭찬은 특히 한국의 경영자들에게 인색한 부분이다. "칭찬은 기쁨을 주지만 인정은 자존감을 부여한다."라는 말이 있다. 인정은 부하직원의 태도, 강점, 가치관, 품성 등을 알아주는 것이다. 반면 칭찬은 부하직원이 한 행동의 결과다. 이를 잘 구분할 줄 알아야 한다. 리더는 조직원 누구나 인정과 칭찬에 대한 욕구가 있다는 것을 이해하고 이를 통해 동기를 부여하고 조직원들의 잠재력을 끌어올려야 한다.

나는 사장 시절 임원들과 일대일 대화를 즐겼다. 사무실로 불러 경영 현안에 대해 이런저런 얘기를 주고받고 조언을 아끼지 않았다. 무엇보다 해당 임원이 한 일에 대한 성과나 일하는 태도와 방식에 대해 피드백을 많이 해주었다. 대화 초기에는 사장과의 대화이니 매우 긴장을 하지만 대화하면서 사장이 본인의 속마음을 알아주고 잠재력을 인정해주는 것에 고마워하는 경우가 많았다. 더욱 발전하기 위해 개선했으면 하는 조언을 해주면 흔쾌히 수용했다. 사장이 자기 약점을 지적하기보다 자신을 위해 조언을 해준다는 것이 잘 전달됐기 때문이라고 생각한다. 당시의 임원들과는 현직에서 물러난 이후에도 지속적으로 교류를 하고 있다.

## 리더십의 숨은 원리인 유연성을 갖춰라

내 경험으로 볼 때 사업 초기인 경우에는 비전을 명확히 제시하고 조직을 하나로 이끄는 비전 리더십, 기업의 성장 사이클이 바뀔 때는 각각의 위기를 해결할 수 있는 상황적 리더십, 조직원 개개인의 역량을 끌어올리기 위해서는 코칭 리더십이 그 효과를 톡톡히 발휘했다. 세 가지 리더십을 종합적으로 체화하는 것이 쉽지는 않았다. 그러나 각각의 리더십이 효과를 발휘할 때마다 리더이자 경영자로서 그 중요성을 깨닫고 더욱 집중할 수 있었다.

마지막으로 바람직한 리더십의 필요충분조건으로 '유연함'을 강조하고자 한다. 경영자는 시장 상황과 경영 상황을 변수로 두고 그에 따른 리더십을 유연하게 발휘해야 한다. 물론 한 명의 리더가 다양한 상황과 국면에 맞추어 변신하며 대응하는 것은 결코 쉬운 일이 아니다. 경영자 스스로 경영 상황에 맞춘 리더십을 발휘하되 보완책을 마련하는 것도 좋은 방법이다. 중간관리자들에게 책임과 권한을 이양해 리더의 부족분을 지원하도록 하는 것을 추천한다. 리더십과 임파워먼트 양쪽 모두에서 소기의 성과를 달성할 수 있을 것이다.

# 4

# 인사관리

## 현장 위주로 채용하고
## 독려하며 기다려라

조직의 인사는 크게 채용과 배치, 육성, 평가와 피드백 등으로 이루어진다. 내가 경험한 바로는 인사에서 가장 중요한 부분은 채용이다. 『좋은 기업을 넘어 위대한 기업으로』에서 저자 짐 콜린스Jim Collins 역시 버스가 '어느 방향으로 갈지'보다 버스에 '어떤 사람을 태울지'를 먼저 결정해야 한다고 강조했다.

왜 채용이 중요한가? 사람은 쉽게 변하지 않기 때문이다. 좋은 인재를 채용하면 조직은 이를 육성하는 데만 심혈을 기울이면 된다. 하지만 좋지 않은 인재를 채용하면 판별해내고 급기야는 내보내는 데 많은 에너지를 써야 한다. 인사가 만사다. 사람의 일이 곧 모든 일이므로 알맞은 인재를 알맞은 자리에 써야 모든 일이 잘 풀린다. 그러나 현실에서 많은 경영자가 이 말의 중요성을 알아차리지 못하고 있다. 많은 기업이 우수 인재라고 채용했으나 막상 현업 배치 후 능력을 발휘하지 못하거나 조직과 융화하지 못하고 떠나는 사례를 겪고 있다. 미국의 리더십 컨설팅 업체 지에이치스마트ghSMART는 채용 실패로 인한 평균 비용이 기본급의 15배에 달한다고 보고했다. 연봉 10만 달러인 직원 한 명을 잘못 채용했을 때 경비와 생산성 감소를 추산해보니 150만 달러의 직간접적 손해가 발생했다는 얘기다.

경영자는 사람을 보는 눈이 밝아야 한다. 조직은 위치에 따라 역할이 달라지고 필요한 역량이 달라진다. 신입사원은 열정이 중요하고 관리자는 리더십을 키워야 한다. 임원이 되면 비전이나 전략적 역량이 필요하다. 경영자가 되면 사람을 알아보는 눈이 필요하다. 많은 경영자가 이 부분을 강조했다. 이병철 회장은 "의인불용 용인불의 擬人不用 用人不擬"라는 말을 즐겨 사용했다. 의심이 되면 뽑지 말고 일단 뽑았으면 의심하지 말라는 말이다. 경영자는 인재를 채용할 때 공을 들여 철저하게 검증하고, 일단 중용했으면 독려하고 기다려야 한다.

## 조직문화와 가치관에 맞게 채용하라

이건희 회장은 "인재가 1만 명을 먹여 살린다."라며 사장단에게 우수 인재를 데려올 것을 강도 높게 지속적으로 지시했다. 삼성 사장단들은 해외 출장을 갈 때마다 시간을 쪼개 유수의 대학을 방문하고 채용 설명회를 여는 등 인재 확보에 만전을 기했다.

'우수 인재란 어떤 인재를 말하는가?'

회사가 처한 상황에 따라 우수 인재도 달라진다. 회사가 처한 경영환경과 집중하고자 하는 사업 전략과 방향에 따라 필요한 인재가 다르기 때문이다. 삼성은 반도체 사업을 시작하면서 진대제, 황창규, 권오현 같은 우수 인재를 영입했다. 인재 경영을 통해 메모리 반도체 세계 1위를 실현할 수 있었다. 4차 산업혁명 시대를 맞아 요즘 기업들은 다양한 분야의 우수 인재 채용에 더욱 열을 올리고 있다. 특히 인공지능 분야는 핵심 분야로서 기업들이 글로벌 우수 인재를 영입하기 위해 혈안이 돼 있다. 여기서 말하는 우수 인재란 탁월한 전문 능력을 얘기한다. 전문 능력이 중요하다는 점에 대해서는 모든 경영자가 잘 알고 있을 테니 더 강조할 필요는 없을 것이다. 나는 이와 더불어 '조직의 문화와 가치관에 어울리는 사람'을 채용하라고 강조하고 싶다. 아무리 우수 인재라도 조직의 문화와 가치관에 어울리지 않으면 그 능력을 발휘하기도 어렵고 조직에 큰 부담이 될 수도 있다.

나는 사장이 되고 중요 보직 임원을 발탁할 때 세 가지 기준에서 인재를 살폈다. 첫째는 전략적 안목이다. 회사를 둘러싼 경영 환경, 산업 환경, 시장 상황, 경쟁 상황 등을 입체적으로 고려해 전략 방향을 설정하는 역량이 있어야 한다. 방향을 엉뚱하게 설정하면 열심히 달린다 해도 목표점과 더 멀어질 뿐이다. 방향을 바꾸고 다시 정비하는 데 시간, 비용, 기회의 손실이 너무 크다.

둘째는 추진력과 디테일이다. 말은 번지르르한데 실행은 안 하는 사람들이 있다. 유감스럽게도 그런 사람들이 적지 않다. 꽃길만 가려는 사람들이다. 그들에게는 어려운 프로젝트를 믿고 맡길 수가 없다. 일을 맡는 사람은 야무져야 한다. 야무지다는 건 집념을 갖고 실행하는 것이다. 장애물을 극복하고 넘어서려는 사람이다. 또한 디테일을 잘 챙기는 것도 중요하다. 흔히 디테일을 쪼잔한 것과 혼동한다. 디테일은 치밀한 것이다. 완벽을 위해 반드시 필요한 역량이다. 성공과 실패, 일류와 삼류는 디테일에서 차이가 난다.

셋째는 로열티다. 여기서 로열티는 무조건적 충성을 말하는 것이 아니다. 회사, 조직, 구성원을 사랑하는 마음이다. 회사를 사랑하고 조직을 이끌기 위해서는 로열티가 있어야 한다. 반대로 로열티가 없는 사람은 회사와 조직을 출세와 영달을 위한 수단으로 삼을 수 있다. 이런 사람은 위험하다. 아무리 능력 있고 추진력이 있어도 끝이 좋지 않을 수 있다.

"스티브 잡스와 같은 직원이 있다면 채용을 하시겠습니까?"

실제 이런 질문을 받고 고민을 한 적이 있다. 스티브 잡스처럼 능력은 뛰어나지만 조직에서 융화하기 어려운 인재와 친화력이 뛰어나 조직에서 잘 융화하지만 능력이 다소 부족한 인재 중 어느 쪽을 선택해야 할까? 나는 이 질문을 받고 고민하면서 스스로가 조직의 조화를 더 우선하는 리더라는 것을 깨달았다.

아마 경영자라면 인사관리에서 '각각의 장점을 수용하면서 다양한 인재를 포용할 수 있는 환경을 만든다.'라는 모범답안을 알고 있을 것이다. 또한 현실에서 그대로 실천하는 것이 매우 어렵다는 것도 잘 알고 있다. 따라서 '조직을 위한 최고의 선택을 한다.'라는 기조 아래 자기 철학과 가치관에 따라 결정을 해야 한다. 내 철학은 팀워크가 중요하다는 방향으로 정립된 것이다. 애플이 다른 조직에서는 엄두를 못 내는 혁신을 이루었던 것은 스티브 잡스가 일개 직원이 아니라 조직의 리더였기 때문에 가능했다고 생각한다. 능력이 있으나 모나고 저돌적이며 사납기까지 한 인물이라면 직원보다는 자기 스스로 리더가 돼 역량을 발휘하는 게 맞다고 생각한다.

다시 질문으로 돌아가서 만일 사장 시절에 내게 스티브 잡스와 같은 인재를 채용할 것이냐를 묻는다고 가정해보자. 나는 일단 별도의 팀을 구성해보는 것을 고려해보겠다고 답할 것이다. 타인과 잘 융화되지 않는 천재형 인재에게 별도의 조직을 만들어주고 특별 프로젝트를 추진하게 할 수 있다. 그러나 상황이 여의치 않아 별도의 팀을 구성할 수 없다면 우선은 우수 인재가 조직과 조화를 이루도록 최대한 노력해볼 것이다. 그럼에도 그가 조직과 팀워크를 해치는 상황이라면 함께하기 어려울 것이다. 인재상은 회사가 처한 상황과 시대적 요구에 따라서도 달라진다. 또한 경영자의 철학과 가치관에 따라서도 영향을 받는다. 이런 요소들을 종합적으로 판단해 바람직한 인재상을 그리고 채용과 배치에 힘을 쏟는 것이 경영자의 역할이다.


## 지인지감의 능력으로 직접 채용에 나서라

현재 우리나라의 경영자들이 채용에 관여하는 정도는 천차만별이다. 채용은 쓸 사람이 해야 한다. 채용은 인사 부서가 하고 활용은 현업 부서가 하는 방식이 돼서는 안 된다. 이런 방식으로는 인사 부서가 현업에 적합한 좋은 인재를 뽑기 어렵고 현업 부서는 채용된 인재에 대해 책임의식을 갖고 활용하지 않을 가능성이 크다. 설사 좋은 인재가 채용된다 하더라도 오래 가지 않아 이직할 수도 있다. 활용할 부서의 장이 직접 나서서 적합한 인재를 채용해야 한다.

회사 차원에서 중요한 핵심 인재라면 사장이 직접 나설 수도 있다. 나 역시 사장 시절에 해외에 나갈 때마다 별도의 시간을 내 현지의 우수 인재를 면접하곤 했다. 경영자가 직접 채용에 나서면 당사자는 역량과 가치를 인정받았다는 느낌에 입사를 호의적으로 생각할 수 있다. 그리고 경영자는 면접 대상자가 조직의 문화와 가치관에 어울리는 인재인가를 직접 검증할 수 있다.

짧은 면접만으로 사람을 정확하게 파악하기는 매우 어렵다. "열 길 물속은 알아도 한 길 사람 속은 모른다."라는 속담이 있을 정도다. 다양한 질문을 통해 대상자의 자질과 능력을 파악하고 표정과 언어와 행동을 통해 품성과 가치관도 파악해야 한다. 정답이 없고 쉽지 않은 일이기에 지속적으로 노력해야 한다. 피터 드러커는 일찍이 "당신이 채용에 5분밖에 시간을 사용하지 않는다면 그 직원이 일으킨 사고 수습에 5,000시간을 들여야 한다."라고 말했다. 현장을 살펴보면 전혀 과장된 표현이 아니다.

채용 이후 경영자는 인재육성을 위한 평가와 피드백을 포함한 다양한 활동에 관여하게 된다. 이에 대한 세부적인 내용은 다음 장에서 소개하고 이 장에서는 경영자가 조직원에게 가져야 할 신뢰와 기다림에 대한 사례로 갈무리를 하고자 한다. 원하는 인재를 찾아 채용과 배치를 끝냈다면 인재 경영의 70퍼센트에 해당하는 일을 마쳤다고 해도 과언이 아니다. 이후는 인재에게 적절한 기회를 제공하고 도전적인 업무를 주면서 잘 성장할 수 있도록 기다려주면 된다.

이와 관련해 기억에 남는 에피소드가 있다. LED 사업부를 맡았을 때 일이다. LED는 신생 사업이라 잘 키워보겠다는 기대감이 컸다. 그러나 사업 경쟁력을 진단해보니 중국 공장의 경쟁력이 약했다. 마침 새로 부임한 중국 공장 법인장이 혁신적이고 추진력도 있었다. 그는 생산 면적을 기존의 3분의 1로 줄이고 인력도 대폭 효율화하겠다는 보고서를 올렸다. 내가 바라던 도전적인 혁신이었고 기대가 컸다. 법인장은 5월까지 혁신을 완료하겠다고 보고했다. 그런데 막상 시작하고 보니 일이 수월하지 않았다. 한쪽에서는 혁신해야 하고 다른 쪽에서는 목표를 맞추기 위해 생산을 하다 보니 생산성과 양품률이 오히려 떨어졌다. 처음에는 과도기라서 그럴 수 있다고 생각하고 기다렸으나 약속한 5월이 지나 7월이 돼도 양품률은 계속해서 떨어지고 좀처럼 개선될 조짐이 보이지 않았다. 속이 탔다. 주위에서는 애초부터 무리한 혁신이어서 성공할 수 없을 것이라는 우려가 커졌다.

그즈음 법인장은 "사업부장님, 중국에 오지 마십시오. 믿고 기다려 주십시오. 출장 오시면 마음이 약해져서 안 됩니다."라며 내 출장을 막았다. 나는 나름대로 상황을 파악한 후 믿고 기다려보기로 했다. 하루하루가 여삼추 같았다. 9월이 되자 양품률이 조금씩 회복되기 시작했다. 10월이 지나고 11월이 되니 역대 최고 양품률을 기록

했다. 혁신이 성공한 것이다. 만약 중간에 부진하다고 혁신을 중지시 켰다면 어떻게 됐을까? 나는 그때 기다림의 미학을 배웠다. 임파워 먼트는 기다림이다. 도전적인 목표를 세우고 실행할 때는 중간에 시 행착오가 있어도 끝까지 참고 기다려야 한다는 걸 배웠다. 또한 경영 자가 기다려줄 때 부하는 책임감을 느끼고 마침내 해낸다는 것을 확 인하는 소중한 경험이었다.

경영자들이 흔히 듣는 말 중에 "조직의 인재 수준은 리더의 수준 을 넘어서지 못한다."라는 말이 있다. 나는 이 말이 반은 맞고 반은 틀 린다고 생각한다. 눈이 밝지 못한 경영자는 자신을 뛰어넘는 인재를 알아보지 못한다. 그러나 눈이 밝은 경영자는 인재를 알아보고 당대 를 넘어 후대로 갈수록 기업을 더욱 성장시킨다.

경영자는 인재 채용에 적극적으로 나서야 하고 인재를 알아보기 위해 지인지감知人之鑑의 능력을 키워야 한다. 이는 경영자의 사명이 다. 이병철 회장조차도 "사업의 성패에 대해서는 확신이 선다. 그런 데 사람을 판단하는 것에는 절반의 확률밖에는 자신이 없다."라고 말했다. 이건희 회장도 회장으로서 가장 힘든 일이 사람을 키우고 쓰 고 평가하는 일이라고 말했다. 그만큼 어렵다는 얘기다. 그렇기 때문 에 경영자는 채용에 정성을 기울여야 하고 중용하면 믿고 맡겨야 한 다. 의심하는 경영자는 결코 사람을 키울 수 없다.

# 5
# 인재육성

## 바른 평가와 경쟁 환경이 인재를 키운다

물이 아래로 흐르듯 사람들은 누구나 위를 보면서 자란다. 경영자를 포함한 상사들은 후배 직원들에게 알게 모르게 말과 행동으로 크나큰 영향을 미친다. 나 역시 훌륭한 경영자들을 보면서 미래를 꿈꾸고 부족한 것을 깨달아 하나둘씩 채워나갔다. 경영자를 포함한 상사들의 평상시 말과 행동에서 인재육성이 시작된다.

"경영자가 되는 데 영향을 미친 사건이 있는가?"

내가 사장 시절에 사내 잡지 기자와 인터뷰했을 때 받은 질문이다. 부장 때 타부서 전배 건으로 상사와 했던 면담을 떠올렸다. 상사는 나와 세 시간쯤 걸린 긴 면담 끝에 "엔지니어로서 경영자 자질이 보여 육성하고 싶었는데 전배를 가게 돼 아쉽습니다."라고 말했다. 그

날 면담에서 기억나는 건 이 한 문장뿐이다. 수십 년이 지난 지금까지도 기억하고 있다. 당시 나는 속으로 '나는 엔지니어인데 경영자 자질이 있다고?' 하며 반문을 했다. 결과적으로 상사의 그 말은 내게 '새로운 가능성을 열어준 한마디'가 됐다. 상사의 말과 행동이 후배 직원에게 얼마나 큰 영향을 미치는지 깨닫는 기회였다.

그 후 나는 경영자의 자리에 오르기까지 인재육성을 위한 방법으로 '잠재력을 일깨우는 대화'를 최우선으로 꼽았다. 조직에서 상사는 부하직원과 많은 대화를 한다. 대부분은 일에 관한 대화가 되겠지만 상사라면 부하직원의 성장을 항상 염두에 두어야 한다. 일을 통해 성장하도록 끌어주는 것은 물론이고 잠재력을 파악해서 알려주고 스스로 성장할 수 있는 발판을 마련해주어야 한다. 경험이 적은 직원일수록 자기 잠재력을 모르는 경우가 많다. 개인의 잠재력은 위로 올라갈수록 더 잘 보인다. 사원보다는 부장이, 부장보다는 임원이, 임원보다는 사장이 더 잘 보는 것이 순리다. 그러니 직원의 잠재력을 일깨우고 동기부여를 일으키는 것은 상사의 몫이다.

## 평가는 공평이 아니라 공정으로 해야 한다

인재육성에서 중요한 포인트로 먼저 '평가'를 꼽을 수 있다. 피터 드러커가 "평가만이 사람을 움직인다."라고 말했을 정도로 평가는 조직원들에게 지대한 영향을 미친다. 특히 인재를 육성하려면 공정한 평가를 통해 발전의 기회를 제공해야 한다.

내가 초임 간부 시절에 가장 어려움을 느꼈던 부분이 바로 평가다. 나는 입사 후부터 사건 사고를 겪으며 배운 점이나 느낀 점을 에세이로 정리해 보관해왔다. 고과 평가 후 「부하직원의 승진·평가에 대한 자세」라는 글을 썼다. 그 글은 '1992년 3월은 내게 매우 고통스러운 기억으로 남는 달이 될 듯하다.'라고 시작한다.

당시 돌려막기 식 고과로 마음고생이 심했다. 그때는 승격에 대한 원리와 원칙이 지금처럼 확실하지 않았다. 좋은 게 좋다는 식으로 '어차피 너도 다음에 승격할 테니까.'라며 필요한 사람에게 좋은 점수를 주었다. 승격을 앞둔 선임자에게는 고과를 좋게 주고 신참에게는 평균 고과를 주는 식으로 정리했다. 당연히 공정한 평가가 아니었다. 불만을 품는 이가 생길 수밖에 없었다. 시대가 많이 바뀌었고 평가에 대한 생각도 많이 바뀌었다. 평가는 공평의 문제가 아니라 공정의 문제로 접근해야 한다는 것이다. 공평과 공정을 혼동해서는 안 된다. 공평은 똑같이 나누는 것이다. 산술적이다. 그에 비해 공정은 올바른 것이다. 모두 만족하는 평가는 있을 수 없다. 늘 불만은 있게 마련이다. 그러나 공정은 설득이 가능하다. 공평은 설득이 불가능하다. 조직원을 충분히 이해시킬 수 있는 공정을 평가의 원칙으로 삼아야 한다.

조직에서 고과 평가는 왜 하는 것일까? 우선 잘하는 사람을 인정해주기 위해서다. 앞으로도 잘 나갈 수 있도록 밀어주는 행위다. 목적에 부합하게 평가가 나와야 성과대로 결과가 나오는 조직이 된다. 물론 공정한 평가는 성과가 없는 이에게도 합당한 결과를 준다. 냉정한 평가는 상처가 될 수 있지만 분발의 계기를 제공한다. 적성이 맞지 않아 성과가 저조하다면 적성에 맞는 부서나 회사를 찾아갈 수도 있다. 회사에도 평가를 받는 사람에게도 좋다. 그러나 공평을 가장한 평가는 본인에게도 회사에도 손실이다. 안타깝게도 여전히 구성원의 불만을 줄이기 위해 공정 대신 공평을 선택하는 이들을 종종 보곤 한다. 좋은 게 좋다고 생각하는 것은 욕을 적게 먹으려고 하는 비겁한 행위다. 그런 상태가 계속되면 일 잘하는 직원들은 회사를 그만두고 쭉정이만 남는 조직이 된다. 경영자는 "30퍼센트가 아니라 70퍼센트가 행복한 선택이다."라고 자위할지 모르나 결국 100퍼센트가 몰락하는 결과를 맞게 될 것이다.

평가의 결과인 승진에 대해서도 살펴보자. 권오현 회장은 저서 『초격차』에서 '성과가 좋은 사람은 금전적으로 보상한다. 능력이 좋은 사람은 프로모션(승진)으로 보상한다.'라고 정리했다. 정말 맞는 말이다. 그러나 현실에서 많은 기업이 성과를 기준으로 승진을 시킨다. 승진도 보상의 일부이므로 어느 정도는 맞고 필요하다. 성과를 냈다는 것은 잠재력이 바탕이 된 경우가 많기 때문이다. 그렇지만 올라가면 올라갈수록 그 자리에 맞는 능력과 역량의 중요성이 커진다. 역량이 뒷받침되지 않으면 본인은 물론 회사에 문제가 된다. 그렇기 때문에 역량에 따라 승진을 시키는 것이 매우 중요하다.

엔지니어로서 좋은 성과를 내던 사람이 임원이 되거나 조직의 장이 된 후 문제가 되는 경우를 종종 봐왔다. 본인에게도 불행하고 회사에도 바람직하지 못하다. 이런 사람은 엔지니어로 계속해서 자기 능력을 발휘할 수 있도록 해주는 것이 좋다. 경영자는 승진이 독이 되지 않도록 올바른 평가와 보상을 해야 한다.


## 글로벌 시장에서 치열하게 뛰면 인재로 성장한다

인재육성에서 중요 포인트로 꼽는 또 하나는 치열한 '경쟁 환경'을 제공하는 것이다. 삼성전자 반도체 부문에서 시작해 여러 사업부를 맡아 경영하면서 나는 조직의 체력이 각기 다르다는 느낌을 자주 받았다. 삼성전자 반도체 부문은 조직의 체력이 좋았다. 이를 기준으로 다른 곳들을 비교해보면 조금씩 떨어지는 부문이 있었다. '같은 그룹인데 왜 체력 차이가 나타날까?' 하고 고민하던 나는 '경쟁에 노출되느냐, 아니냐의 차이'라는 답을 얻었다.

삼성전자 반도체 부문은 사업 초기부터 세계 일류 고객들에게 혹독한 훈련을 거치며 단련됐다. 이를 극복함으로써 세계 1등이 됐다. 이런 사업 환경에서 일하다 보니 조직원들도 자연스럽게 글로벌 경쟁력을 갖추었다. 치열한 경쟁과 수준 높은 요구에 응대하면서 자연스럽게 체력이 길러졌다. 반면에 치열한 글로벌 경쟁을 하지 않는 사업체들은 조직의 체력이 매우 약하다. 우물 안 개구리가 된다. 회사의 문화, 일하는 방식에 있어 속도가 느리고 활력이 떨어진다.

제일모직 사장으로 부임했을 때의 일이다. 제일모직은 이전의 사업들과 업의 개념도 다르지만 직원들의 역량도 제각각이었다. 잠재력은 뛰어나나 제대로 발휘하지 못하고 있다는 느낌을 받았다. 제일모직은 삼성그룹의 모태 기업으로 인재들이 많이 배출돼 한때는 인재사관학교로도 불렸다. 그런데 현실의 체력은 매우 낮았다. 학력이 경쟁력의 잣대는 아니지만 당시 제일모직 직원들의 학력은 삼성전자보다 훨씬 높았고 세계 유수 대학의 박사들도 수두룩했다.

내 나름으로 원인을 찾아보다 비즈니스 환경이 문제라고 판단했다. 제일모직은 국내 관계사 비즈니스를 주로 해왔다. 물론 삼성이 관계사라고 해서 비즈니스에 특혜를 주는 일은 없었다. 하지만 글로벌 경쟁사들과 한 운동장에서 뛰는 것과는 자세에서 차이가 있었다. 이를 해결하면 최고의 조직이 될 여력이 확실히 있었다. 나는 이 확신을 바탕으로 직원들을 강하게 밀어붙였다. 직원들에게 글로벌 스탠더드를 알려주며 조직의 체력이 좋은 기업들이 일하는 방법을 벤치마킹하도록 했다. 글로벌 일류 업체와 비즈니스 기회를 만들자 잠재력이 컸던 제일모직 직원들은 빠르게 성장했다. 아무리 좋은 인재라도 치열한 글로벌 시장을 통해 경쟁하지 않으면 범재가 된다. 반대로 평범한 범재도 글로벌 시장에서 치열하게 뛰면 최고의 인재로 성장한다. 내가 찾은 '인재 성장의 법칙'이다.


## 다양한 경험으로 유연성과 전략적 안목을 키운다

'다양한 경험'을 통해 인재를 육성하는 것이 중요하다. 엔지니어로서 좋은 성과를 내는 사람은 엔지니어로 계속해서 능력을 발휘할 수 있도록 해주는 것이 좋다. 그러나 관리자나 경영자로 육성할 필요가 있는 직원들은 다양한 직무와 사업을 경험하게 하는 것이 더 바람직하다. 다양한 경험을 통해 유연성이 생기고 사업 전체를 이해하는 능력이 배양되기 때문이다. 또 경영자로 키우기 위해서는 신규 사업과 적자 사업 등 어려운 사업을 경험하게 하는 것도 큰 도움이 된다.

내 커리어를 돌이켜보면 주니어에서 임원까지 품질 엔지니어, 경영 진단, 해외 영업, 마케팅 등 다양한 직무를 거쳐 사업 책임자가 됐다. 그 후에도 HDD, LED 등을 거쳐 제일모직, 삼성SDI 사장직을 수행했다. 직무가 바뀔 때마다, 새로운 사업을 맡을 때마다 많은 어려움이 있었지만 결과적으로는 경영자가 되기 위한 좋은 커리어 코스를 밟았던 셈이다. 그중 전무 시절 HDD 사업을 맡았을 때가 경영자 육성의 분기점이었다고 생각한다. 사장은 내게 HDD 사업을 맡기면서 이렇게 말했다. "HDD는 업의 개념상 품질이 가장 중요한데 지금 엉망입니다. 그리고 몇 가지 핵심 부품이 중요한데 대부분 일본 업체들에게 공급받고 있습니다. 주 판매처는 PC 업체들입니다. 당신은 품질 엔지니어 출신이니 품질의 중요성을 누구보다도 잘 알고 있고, 일본 법인장 출신이니 일본 부품 업체들을 잘 알고 있고, 또 메모리 마케팅 팀장으로 PC 고객들도 잘 알고 있으니 적임자입니다. 어려운 사업이지만 잘해 보세요."

사업을 맡긴 이유도 알겠고 당위성도 이해가 됐다. 문제는 현실이었다. 조금 전까지 세계 1위로 대규모 흑자를 내는 메모리 사업부의 마케팅 부서장이었는데 하루아침에 만년 적자 사업부의 책임자가 된 것이다. 눈앞이 캄캄했고 '내가 잘해 낼 수 있을까?' 하는 의구심이 들었다. '잘하면 살고 못 하면 끝이다.'라는 절박한 의식도 들었다. 적자 사업을 떠맡으면서 정신이 번쩍 들었고 일하는 태도가 달라졌다. 그리고 정말 비장한 각오로 임했다. 그 결과 경영자의 자리까지 오르게 됐다. 회사 생활을 하면 직급이 올라가면서 여러 가지 테스트를 받게 된다. 특히 고위 임원에서 경영자가 될 때는 이런 테스트를 반드시 거친다. 본인에게도, 회사에도 필요한 일이다. 역량이 안 되는 사람이 경영자가 되면 얼마나 힘들 것이며 또 그 회사는 어떻게 되겠는가? 반드시 검증을 거쳐 경영자가 되는 것이 맞다.

최근 나는 코칭과 멘토링을 하면서 경영 일선의 책임자들에게 "일할 사람이 없습니다."라는 이야기를 자주 듣는다. 나 또한 그랬다. 특히 주요 보직을 놓고 고심할 때 인재를 찾기가 어려웠다. 어느 날 생각을 달리해보았다. '일류기업 삼성에 일할 사람이 없다?' '엄청난 경쟁을 뚫고 성장한 인재들이 모인 이 집단에 인재가 없다?' 순간 소위 말하는 '인재 타령'이 경영진의 욕심이라는 것을 깨달았다.

자리에 사람을 채울 때는 역량이 충분한 사람을 찾으면 안 된다. 애초에 역량이 있는 사람이라면 벌써 그 일을 하고 있어야 맞다. 원래 공석은 약간 부족하지만 잠재력 있는 인재를 찾아 맡기는 자리다. 잠재력 있는 인재라면 처음에는 버거워하겠지만 곧 극복하고 성장할 것이다. 돌이켜보면 나도 많이 부족한 상태에서 시작했는데 믿고 맡겨준 덕분에 역량을 키우며 성장할 수 있었다.

그렇다면 경영자는 후배들을 어느 수준까지 성장시켜야 하는가? 자신을 뛰어넘는 수준까지다. 가끔 자라나는 후배들을 견제하는 경영자들을 만나게 된다. 인재육성의 중요성은 잘 이해하면서도 막상 후배들이 자라나는 걸 보면 자기 자리가 위태로워질까 걱정한다. 잘 못된 생각이다. 후배들이 자라면 자신이 쫓겨나는 것이 아니라 올라 가는 것이다. 설사 더 이상 오를 곳이 없어 회사에서 물러난다고 해 도 이보다 멋진 퇴장은 없을 것이다.

# 6
# 조직문화

## 작은 성공 경험으로
## 꾸준한 혁신을 꾀한다

"리더십은 지렛대이고 조직문화는 지렛목이다."

『컬처 레버리지』의 저자 존 칠드러스John Childress가 내린 정의다. 흔히 조직의 혁신을 이야기할 때 가장 먼저 언급되는 것이 경영자의 리더십이다. 하지만 변화를 위해서는 한 가지가 더 필요하다. 바로 건전한 조직문화다. 지렛대가 제대로 작동하기 위해서 튼튼한 지렛목이 필요하듯 미래지향적 조직문화가 갖춰져야 경영자의 리더십도 그 힘을 발휘할 수 있다.

조직문화는 개별 기업 혹은 조직이 가진 고유한 어떤 것이다. 구성원들 사이에 자연스럽게 받아들여지는 가치와 규범이다. 따라서 조직문화는 구성원들이 의사결정을 하는 데 무의식적인 가이드라인이 된다. 궁극적으로 조직의 성과에도 크나큰 영향을 미친다. 비록 그것이 외부인에게는 특이하게 느껴지더라도 말이다.

삼성그룹도 사업부마다 조금씩 상이한 조직문화를 갖고 있다. 하나의 그룹 내에서도 이러하니 다른 그룹 간 또 다른 업종 간에는 얼마나 큰 차이가 존재할지 쉽게 상상이 갈 것이다. 삼성, LG, SK, 현대그룹이 각기 다른 조직문화를 가진 것은 누구나 다 느끼는 주지의 사실이다.

나는 사업 책임자가 되고부터 조직문화의 중요성을 인식하고 바꿔나가고자 많은 고민을 해왔다. 솔직히 고백하자면 많은 업무 중에 조직문화를 바꾸는 것이 가장 어려웠고 성과도 만족스럽지 못했다. 현역에서 물러나고 그 이유를 곰곰이 생각해보았다. 개인적 능력이 미흡한 것에 더해 사업 책임자로서 각각의 보직 기간이 1~2년으로 비교적 짧았던 것도 주요 이유였다. 창업자는 물론 대를 이은 경영자들의 철학과 신념, 사업적 특성과 환경적 영향, 조직원들의 다양한 개성 등이 마치 용광로에서처럼 융합되며 오랜 기간에 걸쳐 형성된 조직문화를 단기간에 바꾼다는 것은 실로 어려운 일이다.


## 위대한 기업을 만드는 것은 조직문화다

"조직문화는 출근부를 대체한다."

피터 드러커의 주장이다. 똑똑한 직원일수록 출근의 목적이 월급에 국한되지 않는다. 의미와 재미 그리고 상위의 목적과 가치를 추구한다. 이들에게 문제를 해결하는 방식, 인간관계를 맺는 방법, 시간과 환경에 대한 태도 등에 막대한 영향을 미치는 조직문화는 매우 중요한 가치가 된다. 따라서 경영자는 위대한 기업을 만드는 것이 조직문화라는 믿음으로 현재의 조직문화를 점검하고 더 나은 방향으로 이끌 의무가 있다. 그러나 조직문화는 하루아침에 바뀌지 않는다. 조직문화의 역사성을 이해하지 못하고 '쇠뿔도 단김에 뺀다.'라는 식으로 접근하다가는 자칫 조직과 경영자 간에 골만 깊어질 수 있다.

내가 조직마다 문화가 다르다는 것을 처음 체감했던 때는 오랫동안 근무했던 반도체 부문에서 다른 분야로 발령이 난 후였다. 그제서야 "삼성 내에서도 반도체 부문의 조직문화가 좋다."라는 외부의 평가를 이해하게 됐고 조직문화의 뿌리를 점검해보게 됐다. 삼성전자 반도체 부문은 회의 시간에 직급에 상관없이 자유롭게 자기 의견을 개진하는 토론 문화가 잘 발달해 있다. 나는 이런 조직문화가 만들어진 이유로 조직의 뿌리와 성장 배경을 꼽고 싶다.

삼성 반도체의 유연하고 개방적인 조직문화의 뿌리는 1980년대 삼성이 메모리 사업을 시작할 때로 거슬러 올라간다. 당시 국내에는 메모리 부문의 전문가가 전무하다시피 했다. 그룹 차원에서 전문가 영입에 나섰고 원천 기술을 외국에서 도입해왔다. 기본적으로 상명하복 식의 시스템으로는 업무를 진행할 수 없었던 상황이다. 최고경영진도 경험이 없었으므로 전문가에게 묻고 들어야만 제대로 사업을 할 수 있었다. 외국에서 유학한 인재들이 영입됐고 국내 엔지니어들도 해외 선진 기업에서 기술 연수를 받고 돌아왔다. 그러면서 마치

선진국의 대학 캠퍼스와 흡사한 반도체만의 조직문화가 만들어지기 시작했다. 지금도 반도체 부문은 직급과 관계없이 제품과 기술에 대해 많이 아는 사람의 이야기를 존중하는 문화가 있다. 경영진들도 기술적 관점에서 자기 의견을 정확히 피력하는 엔지니어들의 이야기를 매우 충실히 듣는다. 수십 년 전 시작된 반도체 부문의 조직문화가 계승 발전해 오늘에 이른 것이다.

이후 반도체 부문의 조직문화는 변화하는 환경에 맞는 모범적 조직문화로 손꼽혔다. 그룹 차원에서도 반도체의 1등 문화를 다른 사업 부문에 이식하려는 노력을 많이 했다. 삼성전자 특히 반도체 출신들의 발령이 많았다. 나 역시 제일모직과 삼성SDI 사장으로 보임된 후 조직문화 개선을 위해 노력을 많이 기울였다. 반대의 조직문화도 좋은 조직문화만큼 오랜 시간의 역사성을 갖고 있었다. 그러다 보니 혁신은 매우 어렵고 고된 일이었다.


## 작은 성공 경험이 혁신의 동력이다

내가 조직문화 혁신을 3단계로 정리할 때 기업 문화의 아버지로 인정받는 매사추세츠 공대 슬론 경영대학의 에드거 샤인Edgar Schein 교수가 주창한 '기업 문화의 혁신 전략'에서 깊은 영감을 받았다. 그는 조직의 문화 중 조직의 핵심 가치와 관행과 제도는 '기본적 가정 Basic Assumptions'의 틀 위에 새겨지며 구성원들이 의식하지 못하지만 당연시하는 조직문화를 혁신해야 조직의 혁신이 가능하다고 주장했다.

조직문화 혁신의 1단계는 지향하는 조직문화를 정의하는 일이다. 많은 경영자가 조직문화 혁신의 필요성을 느끼지만 구체적으로 어떻게 해야 하는지를 잘 모른다. 인사 부서에 조직문화 혁신을 지시하고 캠페인을 벌이는 것이 최선이 아니다. 경영자는 회사가 지향해야 하는 조직문화 이미지를 명확히 정의하고 직원들과 공유해야 한다. 구체적으로 어떻게 바꿀 것인지 정립하고 실행될 수 있도록 챙겨야 한다.

2단계는 구체적인 활동과 평가의 진행이다. 구체적인 활동을 추진함에 있어 단기 대책, 일회성 행사 등은 최대한 지양해야 한다. 중장기 전략으로 접근하되 인사 부서에서 주관하는 정도가 아니라 전사적으로 추진하는 것이 중요하다. 구체적인 활동 이후에는 현재의 조직문화를 진단하고 변화하는 수준을 모니터링하는 과정이 필요하다. 조직문화는 문화라는 특성 때문에 정확한 평가가 어렵다는 고정관념이 있다. 그러나 기업 활동은 객관적인 측정과 평가가 필수다.

3단계는 전략과 연결하여 작은 성공의 경험을 만드는 것이다. 조직문화의 혁신은 경영자의 확실한 소신과 의지가 필수다. 무엇보다 중장기적으로 추진할 때만 혁신이 가능하다. 작은 성공의 경험은 조직 전체가 지구력을 가지고 장기간 혁신을 진행할 수 있는 필수 에너지원이 된다. 실제 조직문화 혁신 과정에서 많은 조직원들은 반감과 피로감을 호소한다. 경영자에 대한 신뢰가 없다면 더 큰 부작용이 일어난다. 이럴 때 "해보니까 되는구나!"와 같은 감탄을 자아내는 작은 성공은 경영자에 대한 신뢰를 높이고 더 큰 성공으로 나아가도록 조직을 이끈다.

HDD 사업을 맡았을 때 나와 조직원들은 작은 혁신의 성공이 조직문화를 바꾸는 커다란 단초가 됐음을 확인했다. 사장은 내게 HDD 사업을 맡기면서 품질 개선이 시급하다는 강조를 했다. 나는 발령이 나자마자 공장 시찰에 나섰다. 현장을 보니 공장에는 3개의 라인이 있었다. 2개 라인에서만 생산하고 나머지 하나는 불량품을 해체해 수리하는 데 사용했다. 생산되는 제품의 불량률이 10퍼센트나 되니 그 불량품들을 모아 1개 라인을 수리 전용으로 사용하고 있었던 것이다. 생산 캐파의 3분의 1을 버리고 있으니 그야말로 엄청난 비효율이었다.

"불량률을 1퍼센트로 줄이자!"

불량을 가볍게 여기는 조직문화를 일소하고자 구체적인 목표를 제시하고 변화를 주창했다. 그런데 모든 엔지니어가 한결같이 불량률을 줄이는 것은 불가능하다는 반응을 보였다. 엔지니어들의 설명은 그야말로 예술이었다. "파도가 넘실대는 태평양 바다 위를 보잉 747 비행기가 전속력으로 날면서 파고 3미터 위를 비행하는 것과 같습니다."

하드 디스크의 표면은 매끄러워 보이지만 현미경으로 크게 확대해서 보면 표면에 미세한 요철이 있다. 디스크에 데이터를 저장하거나 읽기 위해서는 디스크 표면과 MR헤드의 간격을 일정하게 유지해야 한다. 그런데 디스크가 작동하면 고속으로 회전하기 때문에 표면의 요철에 맞춰 이를 섬세하게 조작해 불량률을 낮춘다는 것은 매우 어렵다. 이것을 마치 비행기가 바다 위를 저공비행으로 날다가 까딱하면 넘실대는 파도에 부딪혀 사고가 날 수 있는 것과 같다고 말한 것이다. 이처럼 하드 디스크 표면과 MR헤드의 간격이 멀면 자기장이 약해져 데이터를 읽고 쓸 수가 없고 가까우면 데이터를 읽고 쓸 수는 있으나 자칫하면 표면에 부딪쳐 불량이 된다는 이야기였다. 한마디로 불량률 개선은 거의 불가능한 미션이라는 것이다. 게다가 하드 디스크는 원래 품질 불량이 많다는 고정관념이 팽배했다.

"어떻게 하면 불량률을 1퍼센트로 줄일 수 있는가?"

되물었지만 안 된다는 대답뿐이었다. '불가능의 제곱'이라고도 했다. 수십 년간 불량률이 그러했다는 대답을 들으니 지난 수십 년간의 조직문화 역시 그러했으리라는 짐작이 갔다. 나는 안 된다는 얘기는 그만하고 비용은 얼마가 들어도 좋으니 어떻게 하면 되는지 방법을 찾아보라고 했다. 그리고 전 임원에게 각자 임무를 주어 개선안을 내도록 했다. 품질 불량 개선을 담당하는 임원도 지정했다. 강력하게 밀어붙이자 방법을 어떻게 바꾸면 되고 설비는 어떤 걸 쓰면 되는지 아이디어가 나오기 시작했다. 엔지니어들이 제시하는 대로 작업을 교정하는 비용을 산출했더니 생각보다 큰 비용도 아니었다.

2월에 프로젝트를 시작해 담당 임원은 매일 점검을 했고 나는 매주 점검을 했다. 2월부터 3월까지는 매주 회의를 해도 품질 불량 수준이 별로 나아지지 않았다. 그래도 지속적으로 점검했다. 4월 말쯤 되니 불량률 개선 그래프가 조금씩 움직였다. 5월이 되면서 그래프가 꺾여 내려가더니 6월 말에는 2퍼센트까지 줄었다. 아이디어를 적용해 제품에 효과가 나타나기까지 4개월이 걸렸다.

품질 개선 프로젝트 중간인 3월에 HDD 사업을 씨게이트에 매각한다는 발표가 났다. 불량 개선을 더 계속하려면 일본의 핵심 부품 공급사에 설계 변경을 요청해야 했다. 어쩔 수 없이 불량 혁신 프로젝트는 불량률 2퍼센트에서 종료됐다. 불량률이 떨어지고 난 후 품질 개선에 참여한 직원들을 포상하는 회식 자리를 마련했다. 수개월간 고생한 직원들의 의견을 들어보았다.

직원들의 이야기가 비슷했다. "불가능하다고 생각한 프로젝트, 실패할 것 같은 프로젝트에 참여하게 돼서 처음에는 '아, 망했다.'라고 생각했는데 죽기 살기로 하니까 되지 뭡니까!" 인생에서 이런 경험은 처음이라며 울컥하는 직원도 있었다. 한 직원은 "앞으로 회사 생활만이 아니라 인생의 목표를 대할 때도 이날의 기억을 떠올리겠습니다."라는 소감을 전했다. 나는 직원들의 소감을 들으며 '성공 경험을 체험하는 것은 직원 개인과 조직문화에 크나큰 영향을 미친다.'라는 것을 확인했다. 그 후 나는 기회가 있을 때마다 조직문화의 혁신에서 작은 성공 경험의 중요성을 이야기하곤 한다.


## 조직문화의 혁신은 꾸준함으로 가능하다

한번은 초임 경영자에게 "조직문화의 혁신 과정에서 가장 중요한 것은 무엇입니까?"라는 질문을 받았다. 나는 "경영자의 꾸준하고 일관적인 태도입니다."라고 답했다.

내가 제일모직에서 편광필름 흑자화를 진행할 때 직원들의 신뢰를 얻은 결정적인 일화가 있었다. 사업을 맡고 얼마 뒤 월간 실적을 집계해보니 최대 적자가 났다. 직원들은 최대 적자가 났으니 불호령을 들을 각오로 회의에 들어왔다. 그러나 나는 회의 내내 적자 얘기는 한마디도 하지 않고 전과 같이 "품질 개선이 왜 안 되느냐?"만 이야기했다. 이후 직원들의 태도가 달라졌다. 회의에 들어오기 전 임직원들은 내심 '적자가 이 모양이니 분명히 손익 중심으로 방향을 선회하자는 이야기를 하겠지.'라고 생각을 했다고 한다. 과거 경영자들역시 품질 개선에 대해 강력히 요구하다가도 적자가 심해지면 "매출을 늘려라. 손익부터 맞춰야 한다."라며 태도를 바꿨던 것이다. 그런데 내가 최대 적자에도 줄곧 품질만 이야기하니 이게 웬일인가 하는 생각이 들었고 '이번 사장은 진짜 품질을 중요시하는구나.' 하는 믿음이 생겼다는 것이다. 이후로 열 일 제쳐두고 품질을 챙기는 임직원들이 많아졌다.

많은 경영자가 변화와 혁신에 열을 올리고 에너지를 쏟는다. 그러나 '관성의 힘'이 얼마나 대단한지 깜박할 때가 있다. "새로 오셔서 우리 업의 본질을 몰라서 그러십니다."라고 대놓고 말하는 직원은 그나마 낫다. 경영자의 실수를 기회로 잡아 변화와 혁신을 무위로돌리려는 직원들이 상당히 많다. 그래서 몰락해가는 IBM을 재건한 CEO인 루 거스너<sub>Louis V. Gerstner</sub> 회장은 "조직문화는 CEO가 해야 할중요한 일 중의 하나가 아니고 해야 할 모든 것이다."라고 말하지 않았겠는가!

어느 때보다 변화하지 않으면 생존할 수 없다는 위기의식과 불안감이 만연한 시대다. 그러나 누구나 원하는 유연하고 수평적인 조직, 창의적인 팀은 하루아침에 만들어지지 않는다. 한경비즈니스는 2019년 2050세대 직장인을 대상으로 한 설문조사에서 93.5퍼센트의 응답자로부터 "조직문화 혁신이 필요하다."라는 대답을 들었다. 여기서 조직문화란 단순히 복지나 워라밸이 아니라 기업에서 일하는 방식을 말한다. 회의와 의사소통 방식의 변화, 업무 환경의 변화, 업무 시간의 양적·질적 점검 등이 필요하다고 답했다. 이것이 우리 기업들의 현주소다.

경영자는 지향하는 바의 명확한 정의, 구체적인 활동과 평가, 작은 성공의 경험을 통해 조직문화의 혁신을 주도하되 조직이 강력한 믿음을 가지고 나갈 수 있도록 앞서서 모범을 보여야 한다.

# 7

## 실패의 자산화

## 도전과 실패의 가치가
## 경영자의 몸값이다

내게 가장 큰 실패는 삼성SDI에 재직할 때 발생한 '삼성 휴대폰 노트7 발화 사고'였다. 이를 실패라고 해야 할지, 사고라고 해야 할지 모르겠다. 아무튼 이로 인해 온 세상을 시끄럽게 하고 삼성그룹과 브랜드에도 큰 악영향을 끼치고 많은 분에게 심려를 끼쳤다. 이를 계기로 많은 점을 느끼고 반성했고 개선 작업까지 마쳤다. 지난한 사고 수습 과정과 각각의 대응점들을 되돌아보며 '실패의 자산화'를 중심으로 그 이야기를 풀어보고자 한다.

2016년에 삼성 휴대폰 노트7 발화 사고가 일어났다. 사고가 나고 "사장으로서 왜 이런 문제를 방지하지 못했는가?"라는 비난을 많이 받았다. 당시에 든 첫 생각은 솔직히 '어떻게 이런 문제까지 방지하지?'였다. 조직 구조상 사장 밑에는 세 개 사업부가 있었다. 나는 미래 큰 시장인 전기 자동차용 배터리에 대부분의 시간을 쏟고 있었다. 노트7 배터리는 소형 배터리 사업부에서 1년에 개발하는 100여 개 제품 중 하나였다. 위계 구조로 보면 사장 밑에 사업부장이 있고 그 아래 개발실장, 제조본부장, 품질실장이 있다. 또 그 밑에는 각 해당 임원들이 있다. 그 많은 층층의 일을 사장이 어떻게 다 일일이 챙길 수 있나 하는 생각을 했다. 그러나 현장을 들여다보고 내 생각이 잘못된 것임을 알았다.

사고 발생 직후 나는 현장으로 달려갔다. 한 달 동안 공장에 상주하면서 제품의 개발 과정, 생산 과정, 품질보증 과정 등을 세밀히 들여다보았다. 많은 문제점이 드러났다. '하인리히 법칙'이 그대로 맞아떨어지는 상황이었다. 흔히 '1:29:300 법칙'으로도 불리는 하인리히 법칙은 산업재해에서 중상자 한 명이 나오기까지 같은 원인으로 경상자 29명, 같은 원인으로 부상 위험에 노출됐던 잠재적 부상자가 300명이나 있었다는 통계적 패턴이다. 이 법칙이 배터리 사업에도 그대로 적용되고 있었다. 단순히 보면 하나의 대형 사고가 우연히 발생한 것처럼 보였지만 깊이 파면 팔수록 크고 작은 문제가 눈에 들어왔다.

나는 문제점 하나하나를 바로잡았다. 그대로 방치한다면 이번만이 아니라 다음에도 비슷한 사고가 발생할 수많은 문제점이 있었다. 앞으로는 이런 문제가 재발하지 않도록 구조적으로 개선하고 프로세스와 시스템을 근본적으로 구축했다. 조치는 개발 – 생산·설비 –

출하보증의 3단계로 이루어졌다. 보안과 지면의 한계로 세세히 내용을 소개할 순 없다. 하지만 단계별로 완벽을 기한 덕분에 새로운 시스템을 적용한 배터리는 매우 높은 안정성과 기능성을 겸비했다. 삼성SDI와 삼성전자 휴대폰 사업부 모두 만족스러운 결과였다. 덕분에 다음 모델인 갤럭시8 핸드폰에는 삼성SDI 배터리가 100퍼센트 장착됐다. 전에는 중국의 배터리 회사와 삼성SDI가 함께 채용됐으나 이번에는 삼성SDI 배터리만 채용된 것이다. 그만큼 새로운 대책이 적용된 배터리의 안전성을 확실히 믿을 수 있다는 의미였다.

나는 배터리 문제를 바로잡고 "왜 이런 상황이 발생했나?"를 다시 한번 숙고해보았다. 어떻게 했어야 이런 문제를 막을 수 있었을까를 고민하다가 부임 초기에 업무파악 프로세스를 제대로 하지 못했음을 반성했다. 단순히 현황과 데이터를 보고 받고 현장을 둘러보고 말 것이 아니라 일하는 방식과 시스템을 깊이 있게 자세히 들여다보았어야 했다. 후임 경영자나 책임자들이 이 부분을 자세히 알 수 있도록 자산화 작업도 병행해야겠다는 각오가 섰다.

## 시스템, 횡전개, 실패의 자산화를 하라

이후 작업은 시스템적 대책 마련, 개선안에 대한 횡전개, 실패의 자산화 세 가지 방향으로 진행했다. 첫째, 시스템적 대책이란 근본 원인을 파악하고 이를 바탕으로 마련한 대책을 시스템화하는 것이다. 단순히 기술적인 원인과 대책에 그치지 않고 일하는 방법을 바꾸는 것이다. 제품을 개발하는 설계 프로세스, 시제품 평가 프로세스를 바꿔 구조적으로 문제 발생 가능성이 없는 설계가 되도록 했다. 설사 설계가 잘못됐더라도 시제품을 평가할 때 문제점이 반드시 발견될 수 있도록 시스템을 구축했다. 생산, 설비, 출하보증 프로세스도 같은 개념을 적용해 원천적으로 문제가 발생할 수 없도록 했다. 설사 불량이 발생하더라도 그 제품이 외부로 출하되지 않도록 이중 삼중의 장치를 시스템화했다.

둘째, 개선안에 대한 횡전개란 소형 배터리에서 발견한 문제점에 대한 대책과 시스템을 전기 자동차용 배터리를 포함한 중대형 배터리에도 적용하도록 한 것이다. 미래 삼성SDI의 주력 사업은 전기 자동차용 배터리다. 소형 배터리 사업부와 중대형 배터리 사업부는 업무 영역이 다르다. 하지만 소형 배터리 사업부의 대책을 공유해서 중대형 배터리 사업부에서도 같은 사고가 발생하는 것을 미연에 방지할 수 있도록 했다. 자동차용 배터리는 용량이 훨씬 커서 사고가 나면 더 위험하고 자칫하면 인명 사고로까지 이어질 수 있다. 따라서 자동차용 배터리가 본격적으로 상용화되기 전에 소형 배터리 부문에서 구축된 프로세스와 시스템을 전기 자동차에 사용되는 배터리 부문에도 적용해 안정성을 강화한다는 것은 대단히 중요한 의미가 있다.

셋째, 실패의 자산화란 후임 경영진과 해당 직무자들에게 소상한 기록을 남김으로써 실패를 통해 배우고 더 높은 단계의 일을 하도록 하는 활동이다. 나는 노트7 사고가 발생한 뒤 과거 기록을 뒤져보았다. 오래전이지만 유사한 사고 내용을 담은 보고서가 있었다. 문제는 그 보고서가 임원 개인이 보관하고 있었다. 그 보고서를 회사 차원에서 보관하고 활용해야 하는데 그러지 못했던 것이다. 과거의 실패가 전수되지 않고 개선에 반영되지 못하는 일이 반복돼서는 안 된다. 그래서 문제의 원인 파악, 구조적인 대책 마련, 실패의 교훈을 전사적으로 공유해 향후 유사한 실패가 재발되는 것을 방지했다. 노트7 발화는 일어나서는 안 될 사고였지만 결과적으로 이로 인해 배터리 안전에 대해 새롭게 인식하는 계기가 됐다. 또한 유사 사고를 막는 시스템이 만들어졌다.

실패의 자산화 사례가 하나 더 있다. 2010년 말에 HDD 사업부장을 맡아 몇 개월도 안 돼 사업을 매각했을 때다. 삼성은 HDD 사업을 25년간이나 해왔지만 적자를 벗어나지 못했고 미래 전망도 없다고 판단해 매각을 하게 된 것이다. 나는 사업 책임자로서 답답했다. 도대체 무엇이 잘못돼 이 지경이 되었나 알고 싶었다. 한 달에 걸쳐 과거의 모든 것을 파악하며 정리했다. 25년간 사업을 어떻게 운영해왔는지, 주요 시기에 어떻게 의사결정을 해왔는지, 어떻게 해서 사업이 만년 적자 상황이 되었는지 등을 분석해『스토리지(HDD) 사업 백서』책자를 만들어 그룹 최고경영진에게 보고했다. HDD는 사업 매각으로 없어지지만 이것을 교훈 삼아 삼성전자, 삼성그룹 차원에서 동일한 실패를 반복하지 않았으면 하는 마음에서였다.

앞의 두 사례와는 조금 다른 측면에서, 일반적으로 말하는 '과감한 도전에 따른 실패의 자산화'가 있다.

"실패를 자주 하지 않는다는 것은 도전하지 않고 위험을 떠안지 않는다는 이야기다."

요즘 젊은이들에게 최고의 인기를 끌고 있는 모바일 게임 최강자인 슈퍼셀Supercell을 창업한 일카 파나넨Ilkka Paananen의 말이다. 혁신의 아이콘인 일론 머스크 역시 "만일 실패하고 있지 않다면 당신은 충분히 혁신하지 않고 있는 것입니다."라며 산업의 패러다임을 바꿀 정도로 획기적인 업적을 남기기 위해서는 실패는 피할 수 없는 과정이라고 역설했다. 왜 그들은 실패의 유용론을 그토록 강조하는가? 그들 스스로 실패를 통해 배우고 성장했기 때문이다. 슈퍼셀은 개발 과정이나 출시 과정에서 접은 게임이 수십 종에 달했다. 일론 머스크의 스페이스X는 로켓 발사에 성공하기까지 6년이나 걸렸다. 그들은 이 모든 과정을 극복하고 성공을 이루었고 실패를 통해 지금의 자리에 이르게 됐다고 자랑스럽게 이야기하고 있다.

## 실패의 기록이 성공의 유산이다

우리나라에서도 실패를 딛고 선 성공 사례가 많이 나오기 위해서는 먼저 실패를 용인하는 환경을 만들어야 한다. 조직의 발전뿐만 아니라 후배 경영자의 양성을 위해서도 실패를 용인하는 문화가 뿌리내려야 한다. 한두 번의 실패가 전도유망한 젊은이들의 발목을 잡는 것은 안타까운 일이다. 실패하여 낙오한 사람들을 지켜본 사람들은 결코 실패할 수 없는 자잘한 도전에만 매달리며 시간과 에너지를 낭비한다. 성과는 있지만 막상 쓸 데는 없는 결과물만 쌓인다. 나는 사장 시절에 개발 성공률이 높다고 자랑하는 보고자에게 그것은 개발 목표가 도전적이지 않았다는 뜻은 아닌지 되묻곤 했다. 모든 도전이 성공할 수는 없다. 때로는 과감하게 도전해 실패한 것을 건강하게 활용해야 한다. 그러려면 경영자가 먼저 실패에 대해 너그러운 마음을 가져야 한다.

나는 실패를 두 가지 관점으로 대응했다. 첫째는 전화위복으로 여기는 것이다. 하나의 실패가 실패로만 끝나지 않도록 해야 한다. 위기를 기회로 바꾸고 역경이 경력이 될 수 있도록 노력해야 한다. 그러기 위해서는 실패를 했다고 누군가를 낙오시키고 불이익을 가하는 일을 최소한 삼갔다. 둘째는 실패를 복거지계覆車之戒로 삼는 것이다. 같은 실패를 반복하지 않도록 경계하고 실패의 자산화가 이루어질 수 있도록 다양한 활동을 했다. 예를 들어 실패 사례들을 묶어서 소개하고 거기서 얻은 교훈을 공유하는 반성회 활동이 있다. 실패를 실패로만 말하면 말하는 사람도 힘이 빠진다. 하지만 자산화를 이루면 실패가 반복되는 것을 막고 미래지향적으로 소화할 수 있다. 개발, 생산, 영업, 관리 등 분야별로 실패 사례들을 묶고 작은 사례들은 부서별로 소개하고 큰 사례들은 사업부 또는 회사 차원의 반성회에서 소개하면 실패의 자산화에 매우 효과적이다. 경영자가 반성회를 격려하는 모습을 보인다면 건강한 조직문화로 정착될 수 있을 것이다.

'사장의 몸값'에 대한 이야기를 들은 적이 있다. 흔히 사장의 몸값을 월급이나 연봉이나 인센티브로 이야기한다. 그러나 그 안에는 그를 키워낸 모든 비용이 들어 있다. 사장이 되기까지 수많은 시행착오와 실패에 의한 손실과 그로 인한 기회비용의 손실 등 모두가 합해져 사장의 몸값이 된다. 이정동 교수 등 서울공대 석학들이 쓴 책『축적의 시간』은 한국 산업의 미래를 위해 다양한 제언을 담고 있다. 미국과 유럽은 역사라는 시간을 통해 지식과 정보와 기술을 축적했다. 반면에 시간적으로 근대 산업기술의 경험이 길지 않았던 중국은 광활한 영토와 큰 내수 시장이라는 공간을 통해 다양한 경험을 축적해내고 있다. 시간과 공간이 부족한 우리나라는 개념설계 역량을 키워야한다는 제언이었다. 나는 '축적'이라는 표현이 매우 흥미로웠다. 축적은 지식, 경험, 자금 따위가 쌓여가는 것을 말한다. 흩어지는 것은 모이지 않는다. 실패를 기록하고 자산화하지 않는다면 '쌓아서 물려줄 거리'가 없다. 제대로 축적하는 역량을 갖춰야 한다.

# 4장

# 경영자로 가는 길

: 리더는 배우고 단련하고 성장한다

# 1

# 변곡점

## 성장의 변곡점을
## 놓치지 마라

개인의 삶에서든 조직에서든 환경의 변화는 수시로 찾아온다. 많은 사람이 그 변화를 적극적으로 받아들이는 것을 힘겨워한다. 익숙해진 것에 안주하는 것을 흔히 안전지대Comfort Zone이라고 한다. 스스로 안전지대를 떠나는 것은 불편하고 불안한 일이다. 그러나 자의에 의해서든 타의에 의해서든 안전지대를 떠나야 하는 순간이 찾아온다. 경영자로 성장하기까지 내게 찾아온 몇몇 변화의 시기는 길의 방향이 바뀌는 변곡점이었다. 변화를 거부하지 않고 오히려 전략적으로 활용할 때 더 많은 보상과 기회가 주어졌다. 성장의 기울기가 매우 가팔라지는 경우도 있었다.

## 끊임없이 안주로부터 탈출하라

34년간의 조직 생활에서 크게 세 번의 변곡점이 있었다. 첫 변곡점은 MBA였다. 나는 삼성 반도체의 품질 엔지니어로 사회생활의 첫발을 디뎠다. 당시는 삼성이 메모리 반도체 사업을 막 시작하던 때였다. 내가 가야 할 출근지는 메모리 생산 공장을 짓기 위해 첫 삽을 뜨고 있는 기흥의 허허벌판이었다. 신입사원으로 공장 청소부터 시작해 품질 엔지니어로 10여 년을 일했다. 회사가 성장함에 따라 업무가 많아지고 직무가 다양해져 품질 엔지니어로서 전문성을 키울 수 있었다. 그러나 익숙한 환경은 무료함을 낳았다. 업무와 조직에 불만이 있었던 것은 아니지만 어느 순간 울타리가 좁다는 느낌이 들었다.

하루는 상사를 찾아가 대뜸 "상무님, 인생 상담을 하고 싶습니다." 하고 말문을 연 뒤 속사정을 이야기했다. 1990년대 상무 직급이라면 6·25전쟁을 경험하고 우리나라의 산업화를 주도적으로 이끈 선배들이다. 어려운 시기를 지나며 막중한 책임을 감당했으니 그만큼 성과에 대한 보람도 남달랐을 것이다. 상사와 상담을 하면서 나도 회사에 크게 기여하면서 보람을 느끼고 싶어서 공부할 기회를 얻고 싶다고 말했다. 다행히 상사는 나를 밉게 보지 않았다. 그런 기회가 있으면 지지해주겠다고 했다. 그 후 운 좋게도 6개월이 채 안 돼 삼성 그룹은 엔지니어를 경영자로 육성한다는 차원에서 '테크노 MBA' 제도를 시작했다. 나는 그 테크노 MBA에 지원했다.

당시 내가 감행한 것은 단순히 MBA에 대한 도전이 아니었다. 일종의 '안주로부터의 탈출'이었다. 익숙한 것에 만족하고 매너리즘에 빠질 수 있는 순간에 이를 거부하고 새로운 길로 나갔다. 그 때문에 나뿐만 아니라 가족 모두 10여 년간 반복하던 일상을 내려놓고 예상 못 한 변화를 맞이해야 했다. 다행히 그 결과는 값졌다. 늦깎이 대학원생이 돼 이론적으로나마 경영에 눈을 뜨게 됐고 '기업 경영이란 무엇인가?'에 대해 진지하게 생각하는 시간을 보냈다. 결과적으로 경영자로 향하는 문을 연 중요한 변곡점이 됐다.

두 번째 변곡점은 경영진단팀 근무였다. 1990년대 후반 나는 MBA 과정을 마치고 회사로 복귀한 후 그룹 경영진단 팀으로 발령을 받았다. 아마도 당시 반도체가 급속히 성장하는 중요한 사업으로 주목받으면서 내가 엔지니어로서 전문성과 경영 지식을 둘 다 갖춘 것이 작용하지 않았나 생각된다. 경영진단 팀은 그룹 차원에서 각 사업을 진단해 문제점을 파악하고 개선 방향을 제시하는 중요한 업무를 담당하고 있었다. 나는 MBA 과정을 마쳤다고는 하지만 엔지니어 출신으로 이 업무가 참으로 어려웠다. 첫 진단 후 나름 야심 차게 100여 쪽의 보고서를 써서 올렸다. 하지만 메인 보고서에는 내 글이 단 한 줄도 포함되지 않았다. 전체 진단 보고서를 살펴본 후에야 내가 문제점이라고 진단하고 분석한 내용이 근시안적이고 미시적이라는 것을 깨달았다. 한동안 의기소침한 채로 출퇴근을 반복했다.

어느 날 회식 자리에서 나는 선배를 붙잡고 넋두리를 했다. "선배님, 저는 역량이 안 되는 것 같습니다. 아무래도 시골에 내려가서 농사나 지어야 할 것 같습니다." 나는 그때까지 철이 들지 않아서였는지 월급을 받을 목적으로 회사에 다니지는 않겠다는 생각을 하고 있었다. 그런데 선배의 반응은 의외였다. "그런 생각이 드는 게 당연합니다. 나도 처음에는 사무실에서 확 뛰어내리고 싶었답니다." 베테랑 선배에게서 나와 같은 시절이 있었다는 이야기를 들으니 먹구름이 가득했던 마음에 햇살이 내리꽂히는 것 같았다. 비로소 다시 잘해보겠다는 의욕과 잘할 수 있다는 희망을 품고 진단 업무에 임할 수 있었다.

그 후 4년간 나는 경영 진단 업무에 모든 것을 쏟아부었다. 보통 한 사업당 한 달 남짓의 기간을 두고 경영 진단을 진행했다. 그러나 사업 전체의 현황을 파악하고 문제점을 지적하고 개선 방향까지 제시하기에는 턱없이 짧았다. 게다가 보고자는 자신의 진단 내용을 사업 책임자들에게 전달하고 그에 대한 인정과 수긍도 얻어야 했다. 해당 사업을 한 단계 도약시킬 획기적인 내용의 보고서를 써야 했다. 그래서 수십 년간 그 일을 해온 경영자들을 설득하고 그룹의 최고경영자에게 보고해 실현토록 하는 것이 궁극적인 목표였다. 말이 쉽지 겨우 한 달 남짓의 짧은 기간에 사업을 들여다보고 수십 년간 그 일을 해온 경영자를 넘어서는 보고서를 써낸다는 것은 보통 스트레스가 아니었다. 밤을 새가며 공부하고 고민했다. 그 과정을 거치며 사업을 보는 안목이 커지는 것을 느낄 수 있었다. 극한의 업무 덕에 안목이 저절로 자랐다.

돌이켜보면 당시가 경영자로서의 변신을 공부하고 첫발을 뗀 시기가 아니었나 싶다. 비록 어깨너머였지만 회사의 운영 상태를 파악하고 경영자가 해야 할 일들을 자세히 분석해볼 수 있었다. 이런 간접 경험들은 그 후 다양한 사업을 진두지휘하는 과정에서 알게 모르게 큰 도움이 됐다.

세 번째 변곡점은 적자 사업부 경험이었다. 2010년 말 전무 시절에 HDD 사업부장으로 발령이 났다. 당시 만년 적자 사업이던 HDD 사업은 내가 맡고 얼마 되지 않아 씨게이트로 매각이 결정되었다. 그러면서 사업책임자인 내게는 씨게이트와의 합병에 최대한 협조하되 만약을 대비해 끝까지 정상적인 운영을 유지하라는 미션이 주어졌다. 합병을 할 경우 독점금지 이슈로 승인 여부가 불투명했기 때문이다. 사업 매각 소식으로 직원들이 흔들리는데 엎친 데 덮친 격으로 일본 동북부 지방에 쓰나미가 덮쳐 부품 공급망이 무너졌다. 이런 상황에서 사업 매각과 직원들의 전직을 추진하면서 동시에 직원들을 다독거려 정상 운영을 유지한다는 것은 정말이지 쉽지 않았다.

하지만 나는 사업부장으로서 마음을 다해 직원들과 소통하면서 전직과 재배치를 도왔다. 한편으로는 매각이 불발될 경우를 대비해 사업 경쟁력을 강화해나갔다. 2.5인치 HDD 고성능 신제품을 개발하고 품질을 혁신해 불량률을 10퍼센트에서 2퍼센트까지 개선했다. 그리고 원가 경쟁력 확보를 위해 공장을 중국으로 이전했다. 이러한 혁신들은 12월 말에 매각이 성사되면서 그 자체는 빛이 바랬지만 씨게이트가 삼성의 경쟁력을 높이 평가해 직원들의 전직에는 많은 도움이 됐다. 나는 사업부장으로서 전면에서 진두지휘하면서 사업 매각을 완료했다. 첫 번째 사업을 맡아 매우 힘든 경험을 했으나 그만큼 많은 걸 느끼고 배울 수 있었다.

이후 부사장으로 승진하여 LED 사업부장이 됐다. 이곳 역시 적자 사업부였다. 첫 번째 맡았던 사업이 적자 사업이었으니 두 번째는 흑자 사업을 맡아 멋지게 경영하고 싶었다. 아쉬움이 컸다. 그러나 이 또한 운명이라는 생각으로 마음을 다잡았다. 그리고 사업 정상화를 위해 사업 구조 조정과 제조 혁신에 집중했다. 미래를 위해 개발 로드맵을 정비하는 일도 놓칠 수 없었고 신사업인 조명 사업 확장에도 주력했다. 그러나 사업 정상화는 더뎠다. 중국 경쟁사들의 저가 공세로 경영 상황도 좋지 않았다.

이때 처음으로 불면증을 경험했다. 이런저런 생각과 걱정으로 잠을 제대로 이루지 못했다. 잠이 들었다가도 새벽 두세 시에 눈이 떠져 우두커니 벽을 보고 앉기 일쑤였다. "야, 조남성. 지금 네가 50대 초반인데 앞으로 퇴직 후 인생을 되돌아보면 지금 잠 못 자고 괴로워하는 시절이 좋았던 시절로 느껴질 거야. 너는 지금 인생의 황금기를 보내고 있어. 너무 괴로워하지 말고 잠자고 힘내라." 하고 독백한 후 다시 잠을 청하곤 했다.

2년 후 제일모직 사장으로 발령을 받고 부임했다. 그곳에는 또 다른 만성 적자 사업인 편광필름 사업이 기다리고 있었다. 상황을 파악해보니 편광필름 사업의 고객 평이 매우 안 좋았다. "많이 쓰고 싶어도 품질 리스크가 커서 조심스럽다."라는 이야기를 들을 때는 쥐구멍에라도 들어가고 싶었다. 나는 직원들에게 고객들이 제일모직 편광필름은 비싸지만 품질이 좋아서 쓸 수밖에 없다고 이야기하게 만들자며 강력하게 개선 드라이브를 걸었다. 개발, 생산, 기술, 영업 조직을 모두 한곳으로 모으고 매주 공장에 내려가 회의를 주재하면서 직원들을 독려했다. 모든 사업부 임직원들이 똘똘 뭉쳐 혁신을 추진한 결과 6개월 만에 사업이 흑자로 전환됐다. 계속 경쟁력을 높였을 뿐만 아니라 규모도 커졌다.

조직을 개혁하고 동종업체에 매각하고 흑자 전환을 이루는 과정 중 쉬운 것은 하나도 없었다. 사업이 위중할수록 경영자의 책임과 역할은 막중해졌다. 경영자의 체력이 곧 조직의 체력이었고 경영자의 인내력이 곧 조직의 인내력이었다. 결과적으로 조직의 성장도 실패도 모두 경영자의 몫이었다. 적자 사업부 경험은 경영자의 역할에 대한 개념을 세우고 해야 할 것과 하지 말아야 할 것들을 정리하는 데 큰 도움이 됐다.


## 무수한 점들로 스스로를 완성한다

다시 성장에 관한 이야기로 돌아가 보자. 인생을 살아가면서 꽃길만 걸을 수 없다. 눈앞의 현실은 늘 엄중하다. 중요한 것은 현재를 살아가는 마음과 태도다. 변화의 시기를 시련으로 받아들이느냐, 성장의 변곡점으로 받아들이느냐의 차이다. 나는 앞서 열거한 변곡점에서 생각의 전환을 이루려고 노력했다. '이 순간을 시련으로 받아들이고 좌절하는 것은 아무런 도움이 되지 않는다. 이왕에 부딪혀야 할 과정이라면 나를 성장하게 할 기회라 믿고 나아가 보자.' 어차피 겪어야 할 어려움이라면 뒤늦게 나이 들어서 겪는 것보다야 지금이 낫지 않겠나 하는 마음으로 상황을 받아들이고 극복했다.

자격이 갖추어진 이에게 남과 다른 미래가 찾아온다는 것을 모르는 이는 없을 것이다. 우리 모두 언제나 과정에 머물러 있다. 이를 인지하고 성장을 선택하는 결정을 해야 한다. 나는 평소 "모든 것이 합력<sub>合力</sub>하여 선<sub>善</sub>을 이룬다."라는 『성경』 구절을 즐겨 암송한다. 이는 스티브 잡스가 이야기했던 '점들의 연결<sub>connected dots</sub>'과도 맥을 같이 한다. 당시는 모를 수 있지만 어려운 순간들은 깨달음을 주어 인간을 성장시킨다. 무수한 점들을 연결하며 스스로 자격을 완성해간다.

# 2
# 비전과 로드맵

## 성장의 비전과
## 로드맵을 그려라

최근 조직의 트렌드는 '직장인'보다 '직업인'을 강조한다. 자기 업을 확실히 하고 그 일에 종사하는 사람으로 성장하라는 메시지다. 성장과 비전에 관심이 많은 요즘 세대에게 도움이 되는 이야기다.

나는 오래전부터 성장에서 중요한 것은 '묵묵함'이라고 생각해왔다. 큰 조직일수록 자리에 대한 호불호가 있다. 어떤 사람들은 좋은 자리, 편한 자리, 밖에서 보기에 빛이 나는 자리가 자신의 성장에 도움이 된다고 생각하며 애를 쓴다. 하지만 세상사에 뜻대로 되는 일은 드물다. 기회는 갑작스럽게 찾아오고 역량을 갖춘 사람만이 부응할 수 있다. 특정 직무나 자리에 연연하기보다 맡은 바를 묵묵히 해내며 스스로를 갈고닦았을 때 더 많은 기회가 열린다.

부끄러운 이야기지만 나는 삼성에 입사하고 '무적성 사원'이라는 판정을 받았다. 당시 삼성은 입사자를 대상으로 적성검사를 했다. 그런데 나의 결과지는 적성에 맞는 부서 칸이 공백인 채로 배부됐다. 다른 동료들은 적성에 맞는 부서 칸에 여러 개의 부서명이 적혀져 있었는데 유독 나만 그랬다. 결과지를 받고 '내가 무능한가?'라는 좌절감과 '무슨 적성검사가 이러냐?' 하는 반발감이 일어 인사 부서에 항의를 했다. 그런 무적성 사원이 30여 년의 조직 생활을 거쳐 사장까지 됐으니 그야말로 다행스러운 일이 아닐 수 없다.

나는 후배들에게 경험담을 이야기하며 적성을 모르겠다면 순리에 맡기고 열심히 하다 보면 방향성이 생긴다고 이야기한다. 물론 자기 적성을 확실히 알면 그 길을 택하면 된다. 자기 적성에 맞는 일을 찾아 열정을 쏟아부을 수 있다면 가장 행복한 인생이다. 그러나 나는 내 적성이 무엇인지를 알기 쉽지 않았고 적성을 찾는 데 제법 시간이 걸렸다. 많은 직원이 "적성에 안 맞는다." "적성에 맞는 일인지 모르겠다."라고 말한다. 혹시 그들이 적성에 대한 고민보다는 더 편한 일 혹은 더 멋져 보이는 일에 매료돼 그런 생각을 하는 것이 아닌지 스스로에게 물어보고 판단하라고 조언하고 싶다.

누구나 성장을 바란다. 욕심과 욕망은 스스로를 태우는 좋은 땔감이 된다. 그러나 현실에서 조직은 내가 계획한 대로 나를 대우해주지 않고 반듯한 커리어 역시 하루아침에 완성되지 않는다. 욕심과 욕망을 스스로의 발전을 위해 사용할 줄 알아야 한다. 마음만 앞서서는 성과를 만들 수 없다.

## 현실에 맞게 자신을 기획하고 성장을 꾀하라

현실적으로 회사는 적성을 찾는 곳이 아니라 적응하는 곳이다. 적성과 욕심을 혼동해 이곳저곳을 찾아다니기보다 주어진 업무를 열심히 해 전문가가 되는 게 우선이다. 그러다 보면 자기 적성과 방향성을 찾게 된다. 정교한 계획을 세우기보다 현실의 단계에 맞게 스스로 기획하고 성장을 이끌어가야 한다. 어느 조직, 어느 자리에서든 전문가가 되면 다음 단계의 문이 열리게 돼 있다. 그게 인생의 진리다.

내가 회사에 갓 들어온 신입사원들에게 꼭 해주는 말이 있다. 첫째는 "사회인으로 가치관을 정립하라."라는 것이다. 학교는 돈 내고 배우는 곳이지만 회사는 돈 받고 일하는 곳이다. 어느 유명 예술가가 TV에서 프로와 아마추어의 차이를 이야기하는 것을 본 적이 있다. 그의 기준은 간단했다. 일의 대가로 돈을 받으면 프로라는 것이다. 모든 직장인은 아마추어여서는 안 된다. 다시 말하자면 먼저 프로다운 가치관을 세우고 일을 시작하는 것이 옳다.

고등학교는 3년이고 대학교는 4년이지만 사회인은 최소 30년 이상의 장거리 과정이다. 그럼에도 학년별, 과정별 가이드라인이 없고 과정별 평가에 대한 안내가 없다. 성인이고 프로이기 때문에 홀로 해야 한다. 이 장거리 과정을 잘 마치기 위해 '구간별 비전 로드맵'을 세울 것을 추천한다. 시간적 순서라면 10년 후 – 20년 후 – 30년 후를 그려볼 수 있고 조직 내에서라면 신입사원 – 주니어 – 시니어 – 임원 – 경영자 구간으로 나누어볼 수 있다. 구간별 진급 속도와 전략을 구상하면 준비와 대응이 훨씬 수월해진다. 미국 작가 그렉 레이드

Greg Reid는 "꿈을 날짜와 함께 적어 놓으면 목표가 되고, 목표를 잘게 나누면 계획이 되고, 그 계획을 실행에 옮기면 꿈이 실현된다."라고 말했다. 어느 때나 유용한 말이지만 사회 초년생들에게는 특히나 의미 있는 글이라 생각한다.

둘째는 "회사의 의미를 확실히 하라."라고 강조한다. '이 회사에 어떤 생각으로 입사했는가?' '인생을 걸겠다는 생각으로 입사했는가?' '직장은 미래 커리어를 위한 디딤돌인가 아니면 생계 수단인가?' 스스로에게 물어야 한다. 어떤 가치관으로 일에 임하느냐에 따라 그 결과가 완전히 달라진다.

어제오늘의 이야기는 아니지만 많은 사람이 어려운 입사 관문을 뚫고 조직에 안착했음에도 수개월 혹은 수년 만에 퇴사를 결정한다. 취업 플랫폼 사람인의 발표에 따르면 1년 차 이하 신입사원의 27.8퍼센트가 퇴사를 결정한다고 한다. 퇴사 이유는 이직, 업무 불만, 조직 내 갈등 등이었다. 어렵게 입사를 했는데 오죽하면 퇴직하겠나 하는 생각이 든다. 하지만 한편으로는 그들이 직장인은 됐으나 스스로를 직업인으로 성장시키는 데까지는 나아가지 못한 것은 아닐까 하는 생각도 든다.

입사는 중요한 목표지만 도착점은 아니다. 시작점이다. 시작하는 시점에서 스스로 조직에서 어떤 일원으로 성장할지 비전을 세우고 로드맵을 그려봐야 한다. 상당수 사원들은 회사에서 멋들어진 비전을 보여주고 그대로 끌어주길 바란다. 아무리 회사에 좋은 비전이 있다고 해도 스스로 비전을 세우지 않으면 의미가 없다. 자기 삶의 비전, 자기 일의 비전은 각자의 몫이다. 회사나 조직에 실망하기에 앞서 자기 자신의 준비 과정부터 점검해야 한다.

셋째는 '모두가 CEO 후보군'이라는 점이다. 나 역시 34년 전 신입사원으로 조직에 들어왔고 그 후 성장해서 CEO가 됐다. 당연히 지금의 신입사원 중 누군가는 훗날 CEO가 될 것이다. 그러므로 나는 신입사원들에게 "회사는 여러분들을 CEO 후보군으로 생각하고 대접할 것이다."라고 이야기한다. 신입사원들도 스스로를 CEO 후보군으로 대접하길 바란다. 회사와 자신이 맞지 않는다고 좌절하기보다 미래의 주인공으로서 조직을 바꿔가겠다는 의지를 불태우는 태도가 필요하다. 명확한 비전을 세우고 성장을 독려하고 끈기 있게 밀고 나가며 성취를 이루어야 한다.

## 상사를 부리는 직원이 경영자로 성장한다

"조직에서 잘 성장하기 위해서는 어떻게 하면 됩니까?"

나는 성장의 법칙을 묻는 후배들에게 "일 잘하는 직원이 되고 싶거든 상사를 부려 먹는 직원이 돼라."라는 농담이 섞인 이야기를 자주 했다. 일하는 태도의 기준에 따라 직원을 A, B, C, D 등급으로 분류할 수 있다. 상사에게 지시받은 일도 잘해 내지 못하면 D급 직원이다. 생존 자체가 어렵다. 상사의 지시를 받아 그 일만 잘하면 C급 직원이다. 많은 직원이 상사가 시키는 일만 잘하면 된다고 생각하는데 그것만으로는 부족하다. 시킨 일을 잘하는 건 기본이다. B급 직원은 상사의 기대에 맞춰 일을 잘하는 직원이다. 상사의 기대에 맞춰 일을 잘한다는 것은 두 가지 경우로 생각해볼 수 있다. 통상적으로 회사의 일은 매주, 매월, 매분기, 매년 등으로 반복된다. 따라서 일의 패턴을 찾아내 이에 맞게 미리미리 일을 계획하고 실행할 수 있다. 또 하나는 상사와 오랫동안 호흡을 맞춰 일을 하다 보면 상사의 성향, 눈높이, 기대치를 파악할 수 있고, 거기에 부응하며 일을 할 수 있다. 이 두 가지를 잘 고려해 일을 하는 직원이 B급 직원이다. B급 직원은 일에 노련미가 묻어난다.

　가장 일을 잘하는 직원은 한 걸음 더 나아간다. A급 직원은 자기 일을 추진함에서 장애물을 해결하는 데 상사를 해결사 또는 도움꾼으로 활용한다. 그들은 속된 표현으로 상사를 부려 먹는다. 부하직원이 회사와 부서를 위해 획기적인 프로젝트를 기획해서 추진한다고 하자. 그 프로젝트를 추진하려면 관계부서의 협조를 얻어야 하고 극복해야 할 난관이 많다. 본인은 직급이 낮아 그 장애를 해결하기에는 역부족이다. 그때 상사가 부하직원이 추진하는 프로젝트 설명을 들어보고 아주 마음에 들어한다. 상사가 자진해서 장애물을 해결해주면서 부하직원이 프로젝트를 추진하도록 격려해준다. 이것이 내가 생각하는 A급 직원이다. 여기서 포인트는 상사가 지시한 것이 아니라 부하직원이 기획한 프로젝트에 상사가 반했다는 것이다. 즉 A급 직원은 창의적, 자발적, 적극적이다. 상사가 무엇을 지시할까 기대하면서 거기에 맞춰서 반응하는 것을 넘어서 주도하면서 이끌어가는 부하가 일 잘하는 직원이다. 이런 A급 직원에게 성장과 성취가 없을

리 없다.

　리더의 역할과 직원의 역할에 관한 이야기도 덧붙인다. 흔히 리더의 역할은 비전을 제시하고 직원들을 잘 이끄는 것으로 생각한다. 오랜 기간 직원과 리더의 역할을 모두 경험해보니 "하늘은 스스로 돕는 자를 돕는다."라는 말이 정답이라고 생각한다. 리더로서 직원들을 잘 이끄는 것은 중요하다. 하지만 아무리 유능한 리더라도 준비되지 않은 그들을 끌어다 물을 먹일 수는 없다. 스스로 리더가 되고 싶다면 리더가 되도록 먼저 나서야 한다. 사장이 되고 싶다면 사장과 자신의 역량 차이를 진단해보고 부족한 역량을 메꾸기 위해 전력 질주해야 한다. 그래야 사장도 리더도 직원들을 더 잘 이끌 수 있다.

　조직은 유능한 직원이 무능한 직원이 됐을 때 경고 사인을 보내고 경고가 제대로 작용하지 않을 때 퇴출을 결정한다. 로런스 피터Laurence J. Peter 교수는 1960년대에 '피터의 법칙Peter Principle'을 발표했다. 그는 "조직원은 직무 수행 능력을 더 이상 수행할 수 없는 직책까지 직위가 올라가게 된다. 그리고 결국 무능해진 상태로 퇴출된다."라고 주장했다. 유능해서 승진을 계속하지만 업무가 변경돼 새로운 역할과 책임이 생기면 숨겨져 있던 무능이 드러나게 된다. 결국 자기 능력의 한계를 드러내는 마지막 자리에서 조직을 떠나게 된다. 피터의 법칙을 피하기 위해서도 무능의 지점을 유능의 지점으로 바꿀 수 있는 역량 강화가 반드시 필요하다.

　때로 많은 사람이 자기 자리에 대해 회의를 느낀다. 원치 않은 일, 원치 않은 자리로 인해 힘들다고 푸념한다. 그러나 인생은 과정과 결과의 연속이다. 지금 서 있는 바로 그 자리가 스스로 선택하고 결정한 그곳이다. 실패와 성취의 경험이 반복되지 않으면 현재의 자리는 절대 바뀌지 않는다. 타인의 비전에 의지하는 것은 자기 인생을 남에게 맡기는 것과 같다. 모든 순간을 주인으로 살아야 성공도 성취도 이룰 수 있다.

# 3
# 준비와 기회

## 준비된 자가
## 사상과 철학을 갖춘다

성공의 반대말은 무엇일까? 나는 안주라고 생각한다. 실패한 사람은 다시 도전할 수 있다. 그러나 안주한 사람은 재도전의 기회가 없다. 그래서 나는 안주가 두렵다. 직장 생활을 하다 보면 불안이 찾아올 때가 있다. 나름 신나게 놀고 있다가도 찜찜한 마음이 느껴진다. 그때는 그런 마음을 애써 넘기기보다 차근차근 일상을 점검해보았다. 내가 누군지, 무엇을 원하는지, 왜 불편한지 등을 생각해보면 뭔가 하나가 걸린다. 그 과정에서 매너리즘에 빠진 것을 깨달은 때도 있다. 그때는 현재의 내 모습과 미래에 되고 싶은 내 모습을 그려본 후 부족한 부분을 채우려고 노력했다. 나중에 이런 행동들이 자기계발이란 단어로 정의된다는 것을 알았다.

내가 직장인으로서 맨 처음 했던 자기계발은 일본어 공부였다. 군대 시절에 혹시나 하는 생각에 공부해두기는 했지만 대놓고 자랑할 수준은 아니었다. 제대 후 반도체 메모리 사업부로 배치를 받고 직무 교육을 위한 세미나에 참석하게 됐다. 당시 반도체 산업은 국산 설비가 거의 없었으므로 수입 설비를 설치하고 가동하느라 많은 외국인이 공장에 상주하고 있었다. 그날 세미나는 일본인 엔지니어가 진행했다. 내 수준의 일본어로는 내용을 제대로 알아들을 수가 없었다. 세미나 도중에 농담을 했는지 선배들이 강사의 얘기를 듣고 와하고 폭소를 터뜨렸다. 우리 신입사원들만 못 알아듣고 어리둥절 앉아 있었다. 그렇다고 무작정 따라 웃을 수도 없고 그냥 있자니 그렇고 당혹스러웠다. 나는 '선배들은 반도체 실력만 뛰어난 것이 아니라 일본어도 잘하는구나.' 생각하고 일본어 공부를 결심했다.

목표는 하루 두세 시간씩 일본어 공부를 하는 것이었다. 퇴근 시간이 아무리 빨라도 밤 10~11시였으므로 새벽에 잠들고 새벽에 출근하는 날들이 이어졌다. 힘들었지만 어떻게든 시간을 내 일본어 공부를 계속했다. 하지만 실력이 잘 늘지 않는 것 같아 마음이 답답했다. 꾹 참고 1년간 해보자고 버텼다. 그러던 어느 날 일본어 공부를 하고 있는데 종소리가 연이어 들렸다. 제야의 종소리였다. 문득 작년 이맘때가 떠올랐다. 지난 1년간 조금은 발전했다는 생각이 들어 흐뭇했다.

일본어 실력이 어느 정도 좋아지니 일본어 연수 기회가 생겼다. 연수원에 들어가면 24시간 동안 일본어만 사용해야 했다. 강사들은

"꿈도 일본어로 꾸세요."라며 엄하게 가르쳤다. 한번은 일본 NHK 방송국에서 '한국, 일본을 따라잡을 수 있을까?'라는 주제로 특집방송을 편성하고 삼성을 취재했는데 수강생 대표로 뽑혀 1박 2일간 일본어로 밀착 인터뷰를 한 것이 방송에 나갔다. 일상에 복귀해 품질 엔지니어로서 근무하는 동안 일본어는 일본 고객사와 회의할 때 요긴하게 사용됐다. 10여 년 뒤 MBA 과정을 밟고 다른 부서로 이동하면서는 크게 쓸 일이 없어졌다. 당시에는 예상하지 못했지만 일본어 공부는 그 후 내 커리어에 큰 기회를 가져다 주었다.

## 진급 단계별로 필요한 역량을 키워라

젊은 시절에는 자기계발의 방법을 독서, 어학 공부, 네트워크 축적 정도로 생각했다. 그래서 신입사원 때는 주로 자기계발에 관한 책을 읽었고 관리자가 되면서는 경영, 전략, 리더십 등을 공부했다. 임원이 되고부터는 좀 더 넓은 시야를 갖기 위해 역사와 인문학에 시간을 할애했다. 그 과정에서 만나게 된 인간관계를 소중히 여기고 연락을 주고받으려 애를 썼다. 그런대로 안주하지 않는 선까지는 달성했다는 만족감을 느낀다.

내가 후배들에게 가장 추천하고 싶은 자기계발은 다량의 독서다. 우리는 일을 통해 많은 것을 경험하고 배운다. 일은 우리에게 실전적 경험을 준다. 하지만 그 경험은 그때그때 상황에 부딪히면서 배우는 것이라 체계적이지 않다. 또 일을 통해 모든 사례를 경험할 수도 없다. 그런데 책은 짧은 시간에 타인의 경험을 내 것으로 만들 수 있다. 그래서 독서가 중요하다. 책을 통해 내 경험과 타인의 경험을 합쳐 체계화하고 구조화할 수 있다. 경영자의 소신을 사상화하는 데도 도움이 된다. 경영자가 임직원들과 대화할 때 메시지에 힘이 실리고 내 공이 전해진다. 같은 얘기를 계속하면 듣는 사람이 진부하게 느낄 수 있다. 책을 읽으면 새로운 정보와 깨달음으로 자신을 업그레이드할 수 있다.

개인적으로 과거 내 독서 패턴에 아쉬움이 남는다. 그때그때 읽고 싶은 책을 읽어온 탓에 전략적 집중성이 부족했다. 피터 드러커는 한 가지 주제를 정해 3~4년 동안 집중적으로 공부를 했다고 한다. 60여 년 동안 지속한 공부가 쌓여 경제학, 통계학, 중세 역사, 일본 미술 등 다양한 분야를 섭렵했다고 한다. 내가 그 글을 읽으면서 나도 진작부터 그렇게 전략적으로 독서를 했다면 지금쯤 몇 개 분야에 대해 전문적인 지식을 보유할 수 있었을 텐데 하는 아쉬운 마음이 들었다. 후배들에게 꼭 권하고 싶은 독서 전략이다.

다양한 분야의 전문가들과 네트워크를 구축해 교류하는 것도 유익하다. 각계 전문가들을 만나서 그분들의 경험과 지식을 듣고 배울 수 있다는 그 자체만으로도 좋은 것이다. 또 대화 중에 사업과 일에 적용할 수 있는 많은 아이디어를 얻을 수가 있다. 다양한 사람을 만나면 다양한 시각과 기회를 가질 수 있다. 고수끼리는 서로 통한다.

직장인에게 자기계발이 필요한 중요한 이유는 진급 단계별로 필요한 역량이 정해져 있기 때문이다. 신입사원은 열정이 제일 중요하다. 상사는 신입사원에게 높은 업무 역량을 기대하지 않는다. 패기를 가장 높게 평가한다. 새로운 것을 배우고자 하는 열의, 부딪히며 미래를 열어가겠다는 도전 정신, 문제를 해결하려는 의지가 중요하다. 중견사원이 되면 실력이 중요해진다. 경험과 이론을 연결해 나름의 실력을 갖추어야 한다. 말콤 글래드웰Malcolm Gladwell은 저서『아웃라이어』에서 '1만 시간의 법칙'을 강조하며 탁월성을 얻기 위한 최소한의 연습량을 강조했다. 하루에 8시간을 직장에서 보내는 직장인의 경우 4년이면 1만 시간을 채울 수 있다. 이때부터는 스스로 전문가라고 여길 수 있어야 한다. 동일 업무를 4년 넘게 한 사람이라면 자신이 전문가인가를 생각해봐야 한다.

　관리자가 되면 리더십이 필요하다. 조직의 장에게 성과는 구성원들이 이룬 성과의 합이다. 혼자만 잘해서는 좋은 성과를 거둘 수 없다. 『손자병법』의 「작전」 편에는 '상하동욕자승上下同欲者勝'이라는 말이 나온다. "위아래 사람이 원하는 바가 같으면 이긴다."라는 뜻으로 비즈니스 현장도 다르지 않다. 리더는 조직의 구성원들이 같은 목표와 비전을 품을 수 있도록 리더십을 발휘해야 한다. 더 나아가 임원이 되면 전략이 중요하다. 직위가 높아진 만큼 의사결정이 회사에 미치는 영향력도 커진다. 전략적 사고로 조직을 이끌어야 한다. 방향을 잘 잡아야 하고 치열한 경쟁에서 우위를 확보하는 실행력을 보여주어야 한다.

## 사상과 철학을 갖춰야 경영자가 된다

경영자가 되면 사상과 철학이 필요하다. 일반적인 경영은 경험과 데이터에 의존하고 관리자나 전문가와 상의해 결정할 수 있다. 그러나 불확실한 사안, 책임지기 어려운 일, 위기 순간의 결정은 경영자의 몫이다. 이런 결정은 결국 경영자 자신의 생각에 의존할 수밖에 없고 그것은 가치관과 철학에 따라 좌우된다. 나는 후배들에게 로드맵을 알려주고 필요한 역량을 미리 준비하라고 이야기한다. 현재 위치, 미래 방향, 목표 등을 그려보고 구간별로 필요한 역량을 확인한 후 찾아서 공부해야 피터의 법칙에서 자유로울 수 있다. 이 역량들은 각 구간을 거쳐 가면서 하나씩 축적돼야 한다.

2003년에 나는 기대하지 못했던 일본 법인장으로 발령이 났다. 삼성전자의 3개 사업 부문 중 디바이스 솔루션DS 사업 부문에 해당하는 반도체, LCD, HDD 등의 일본 판매를 총괄하는 자리였다. 당시 전임 일본 법인장이 본사로 귀임하면서 후임을 수소문하다 내가 낙점됐다. 일본어 어학 연수원을 수료하고 18년 만이었다. 젊었을 때 무엇인가를 준비해두면 인생에 기회가 올 때 잡을 수 있다는 말을 실감했다. 젊었을 때의 투자는 힘들지만 보람이 있다. 미래에 어떤 것으로든 연결되기 때문이다. 기회를 잡기 위해서는 젊었을 때 많은 사전 노력과 투자가 필요하다.

사실 성공적인 경력 관리란 계획한다고 얻을 수 있는 것이 아니다. 나의 경우처럼 그간의 경력들이 모여 불시에 기회로 다가오기도 한다. 장기적으로 보면 헛되이 버려지는 노력은 없었다. 중요한 것은 자신의 강점, 일하는 방식, 가치관을 파악하면서 기회를 맞을 준비를 하는 것이다. 자기계발은 끊임없는 지피지기의 과정이다. 자신의 현재와 목표 지점을 번갈아 보아야 한다. 자신이 어디에 속해 있는지 확인하고 목표 지점을 향해 달려가는 것이다.

나는 우공이산愚公移山이라는 말을 좋아한다. 요즘 시대에는 낡고 투박하게 여겨지지만 가장 필요한 정신이 아닐까 생각한다. 남이 보기엔 불가능할 것처럼 보이지만 어떤 일이든 끊임없이 노력하면 반드시 이루어진다. 실행력, 끈기, 집요함이 필요하다. 실력을 쌓아놓으면 어느 곳에서든 반드시 보상이 따라온다.

# 4
# 경영자의 자격

## 자리가 리더를 만들진 않는다

리더가 된다는 것은 어떤 의미일까? 2003년에 일본 법인장으로 발령을 받았을 때 두려움보다는 설렘이 더 컸다. 이미 대리 시절부터 기능부서의 장으로 관리자 역할을 해왔다. 하지만 본사의 큰 조직에 속한 작은 기능 부서장 역할이었다. 그에 반해 해외 법인장은 마치 군대에서 독립된 야전 부대장을 맡은 것 같은 느낌이었다. 일본 법인장은 삼성전자 디바이스 솔루션DS 부문의 제품 판매 전체를 관장하는 자리로 온전히 내 리더십으로 현지 일본인 직원과 주재원 300여 명을 이끌어 성과를 내야 했다.

당시 일본 시장이 갖는 의미는 매우 컸다. 첫째, 고객(거래선)으로서의 시장이다. 2003년 당시 일본은 세계 2위의 경제 규모였고 인구가 1억 2,800만 명 가까이 됐다. 시장 특성은 폐쇄적이지만 큰 시장이다. 둘째, 경쟁사가 많다. 삼성을 비롯해 우리나라의 많은 사업이 과거 일본에서 배워 성장한 것이고 현재도 경쟁 분야에 있는 것들이 많다. 셋째, 일본에는 중요한 설비 업체들이 많다. 삼성전자의 반도체, LCD, 휴대폰, TV 등을 생산하기 위한 많은 공장 설비가 일본산이다. 넷째, 핵심 소재 업체들이 많다. 2019년 지소미아GSOMIA 이슈로 일본이 한국에 대한 반도체 핵심 소재 수출 심사를 발표하는 바람에 온 나라가 시끄러웠다. 일본의 소재 기술력은 무척 넓고 깊다. 다섯째, 다양한 신규 응용 분야가 창출되는 시장이다. 노트북 컴퓨터, 디지털 카메라, 게임기 등 많은 신제품이 일본에서 시작됐다.

국가적으로 산업적으로 매우 중요한 일본에 법인장으로 가게 된 것은 큰 기회였다. 일본 법인장의 주된 역할은 판매 법인장이지만 내가 하기에 따라 다양한 산업을 배우고 역량을 향상할 수 있는 1석 5조의 효과가 기대됐다. 좋은 기회였고 기대가 컸지만 정작 내 자신은 법인장에 걸맞은 요건을 갖추지 못했다.

해외 법인장이 갖춰야 할 자격은 세 가지 정도를 꼽을 수 있을 것이다. 첫째는 언어 소통력이다. 그 나라의 언어를 유창하게 구사하면서 거래선과 조직원들과 소통할 수 있어야 한다. 둘째는 제품 지식이다. 판매하고자 하는 제품과 관련 응용 분야에 대한 지식이 충분히 있어야 한다. 셋째는 경험이다. 판매 법인장이니 당연히 영업 경험을 통해 축적된 노하우와 내공이 있어야 한다.

나는 세 가지 중 어느 것도 걸맞은 수준을 갖추지 못했다. 내 일본어 실력은 일상적인 대화 정도만 가능한 수준이었다. 18년 전에 공부한 일본어 실력으로는 내국인과 자유롭게 소통하며 영업을 하기에는 한참 함량 미달이었다. 제품 지식도 부족했다. 당시 판매해야하는 제품은 메모리 반도체, 시스템 LSI 반도체, LCD 패널, HDD, ODD 등 여러 가지가 있었다. 그중 내가 직접 경험한 제품은 메모리 반도체뿐이었다. 경험은 더 일천했다. 주니어 시절 일본 거래선을 만나 이야기를 나누긴 했지만 그 당시 역할은 엔지니어로서 제품과 품질 불량에 대한 설명 정도였다. 판매 법인장임에도 불구하고 영업 경험이 없었다.

마음 같아서는 차분히 일본어 공부와 제품 공부를 한 후에 업무에 나서고 싶었다. 하지만 해외 법인은 영업의 최전선이다. 어디 그렇게 되는가. 좌충우돌 업무를 시작했다. 판매 법인장으로 부임한 사람이 말도 잘 안 되고 영업 경험도 없고 제품 지식도 없으니 처음에는 영업이 제대로 될 리가 없었다. 시작을 하긴 했지만 애로사항이 넘쳐났다. 거래선과 대화할 때 곤란한 질문을 받으면 일본어를 못 알아들은 척하고 머릿속으로 생각을 정리하기도 하고 직원들과 상의하기도 하면서 하나하나 부딪쳐 나갔다.

판매 법인이기 때문에 실적 점검과 현안 이슈 점검 차원에서 매주 월요일 아침에 팀장 회의를 했다. 물론 언어는 일본어였다. 내가 전문용어, 제품 지식, 거래선 상황 등 아는 게 없어 궁금한 대로 질문을 하면 회의 진행이 안 될 것 같아서 일단 몇 개월은 무조건 들어보기로 했다. 그런데 일본인 영업팀장이 설명을 하다가 나를 한참을 쳐다

보고 있곤 했다. 분위기상 '아! 내게 결정을 기대하면서 기다리고 있구나.'라는 느낌이 들었다. 처음에는 "왜 그러냐?" "내가 무엇을 결정해주면 되냐?" 등을 물어보기도 했다. 그러자니 회의가 한도 끝도 없이 길어져서 나중에는 그냥 나도 버티곤 했다. 영업팀장이 혹시 내가 대답해줄까 하고 기다리는 시간이 30초 정도 됐을 텐데 나에겐 여삼추처럼 느껴졌다. 그 영업팀장이 나를 쳐다보다 포기하고 넘어가는 그 무언의 눈빛이 지금도 기억이 난다.

다행히 시간이 흐르면서 언어 문제는 점차 해결됐다. 대화할 때 모르는 단어를 찾기 위해 전자수첩을 항상 양복 주머니에 넣고 다녔는데 그것이 불필요해지는 데 3년이 걸렸다. 지식과 경험의 부족은 머리와 몸으로 때웠다. 초창기 업무를 파악하면서 앞으로 조직을 어떻게 운영할지 생각이 복잡했다. 어느 금요일 오후 컴퓨터 앞에 앉아서 생각을 정리했다. 문제점이 무엇이고 앞으로 어떻게 해나갈지 생각을 정리하면서 한 줄 한 줄 써 내려갔다. 오후에 시작했는데 정리를 마치고 나니 토요일 새벽 5시였다. 운영 계획은 크게 세 가지였다. 중기매출목표 수립, 매출 달성을 위한 조직 재구성, 유통 혁신과 추진이었다. 이후 태스크포스팀를 만들어 구체화하고 6년 동안 그 계획을 중심으로 실행해나갔다.

## 관행을 하나씩 뜯어보며 혁신을 추진하라

당시 나는 젊고 열정이 가득한 초보 리더였다. 지금 같았다면 조직원 각자에게 맞는 포용적 리더십으로 전체를 이끌었을 것이다. 그때는 강한 추진력으로 밀고 나가는 데 집중했다. 내 기대와 보폭을 맞추기 힘들어하는 직원들도 상당히 있었다. 나중에 알게 됐는데 직원들은 나를 '조태풍'이라고 불렀다.

본격적으로 업무를 시작하면서 팀장들에게 주간보고서 작성을 요구했다. 가족들은 한국에 두고 나 홀로 일본 생활을 했기 때문에 퇴근 후와 주말 대부분의 시간을 일하는 데 썼다. 특히 주말에는 보고서에 포함된 현안을 파악하고 어떻게 문제를 해결할지 고민하는 데 시간을 많이 썼다. 그래서 월요일에 출근할 때 내 위기의식은 최고조로 올라와 있었다. 이 상태에서 월요일에 주간 회의를 하면 팀장들의 실력이 확연하게 드러났다. 아무 생각 없이 출근해서 업무를 시작하려 했던 팀장들은 내 질문에 답변을 못 해 곤욕을 치르기 일쑤였다. 반면에 평상시 문제점을 제대로 파악해 대안을 생각하고 있는 팀장들은 나와 건설적인 토론을 주고받았다. 우열반이 확 드러났다. 이 과정을 통해 나도 업무를 파악했고 팀장들도 실력을 키워갔다.

영업사원의 역량 향상을 위해서도 강하게 밀어붙였다. 부임 초기에 매출이 부진한 사유를 물으면 영업사원들은 하나 같이 "우리 제품의 품질이 나쁘다." "가격이 비싸다." "납기가 좋지 않다."라고 답했다. "그러면 경쟁사 상황은 어떠하냐?" "고객의 판매 상황, 세트 재고 상태는 어떠하냐?"라고 물으면 아무런 답을 못했다. 고객과 협상을 해야 하는 영업사원인데도 아무 정보가 없으니 고객이 협상의 우위를 점하기 위해 하는 얘기를 그대로 받아들이는 모양새였다. 한마디로 경쟁사와 고객의 상황을 전혀 모른 채 그냥 전달만 하고 있었다. 나는 "당신은 우편배달부인가? 고객이 하는 얘기를 그대로 전달만 하는가?"라고 야단을 쳤다.

그러나 아무리 강조해도 영업사원들이 일하는 방식은 좀처럼 바뀌지 않았다. 이를 고쳐야겠다는 생각으로 보고서 양식을 고안했다. A4 용지를 두 번 접어 사분면을 만들었다. 1사분면에는 고객의 분기별 세트 판매 계획과 실적 그리고 시장과 생산 공정의 재고가 얼마인지 파악해 정리하게 했다. 고객의 세트 판매 활황과 재고 여부에 따라 우리가 취할 수 있는 전략이 다양하게 바뀔 수 있으니 정보가 필요했다. 2사분면에는 고객의 신제품 개발 로드맵을 정리하고 그 로드맵에 우리 제품의 채용 혹은 고려 현황과 경쟁사 제품과의 경쟁 상황을 적게 했다. 고객의 개발 로드맵을 알아야 신제품 프로모션이 되고 향후 비즈니스가 이루어지기 때문에 필요한 정보였다. 3사분면은 판매 계획과 실적과 시장점유율을 표시하게 했다. 판매 계획을 달성하지 못하고 시장점유율이 낮으면 개선할 여지가 많고, 판매 계획을 달성하지 못했지만 시장점유율이 1등이면 고객 상황이 안 좋은 것으로 판단할 수 있다. 4사분면은 현재 직면한 상황과 문제점과 대책을 작성하게 했다.

그리고 주요 고객 30개사를 선정해 한 쪽짜리 보고서를 가지고 매월 리뷰 회의를 했다. 초기 몇 달간 영업사원들은 한 쪽을 다 채우지 못했다. 그럴 실력이 안 됐다. 나는 개별적으로 하나하나 지도를 했다. 6개월 정도 지속하니 보고서가 채워졌고 영업사원들의 실력이 올라갔다. 고객의 판매 현황, 재고 현황, 경쟁사 현황 등의 전체 정보를 파악한 상태에서 영업 활동을 한 덕분에 더 이상 고객과 협상에서 일방적으로 휘둘리지 않으면서 역량을 발휘할 수 있었다.

이와 함께 유통 개혁도 추진했다. 경쟁력이 취약한 대리점을 경쟁력이 있는 대리점과 통합하자는 안을 냈다. 미래 전망도 없어 보이는 대리점이었으나 직원들은 모두 "일본 문화와 맞지 않는다. 그렇게 하면 삼성 평판이 나빠진다."라며 만류했다. 하지만 나는 강하게 밀어붙였고 별 문제 없이 통합됐다. 또 시장 확대를 위해서는 지속적으로 신규 거래선을 발굴해야 하는데 대리점들이 기존 거래선에만 안주하면서 제대로 진척이 안 되고 있었다. 나는 대리점에 판매 수수료율 변경을 제안했다. 기존 거래선의 수수료율은 2분의 1로 낮추고 신규 거래선의 수수료율을 2배로 높여 주겠다고 했다. 기존 거래선 매출에 안주하지 못하게 하는 대신에 신규 거래선 발굴에 과감한 인센티브를 내건 것이다. 대리점 사장들은 난감해했다. 주재원도 계산이 복잡하다고 싫어했다. 이번에도 나는 끝까지 밀어붙였다. 경영 계획을 달성하면 대리점의 전체 이익과 마진은 오히려 개선된다는 것을 시뮬레이션으로 보여주며 설득했다. 이렇게 일본식, 일본 문화라며 관행처럼 진행되던 것들을 문제의식을 느끼고 들여다보면서 하나씩 혁신을 추진해나갔다.

혁신은 안과 밖에서 동시에 이루어졌다. 당시는 브라운관 TV에서 LCD TV로 주류가 바뀌던 시기였다. LCD 패널 판매를 위해 TV 업체를 많이 접촉했다. 미팅을 여러 차례 하면서 어렵사리 비즈니스를 시작했다. 그런데 가격 협상 과정에서 문제가 불거졌다. LCD는 메모리 반도체와 마찬가지로 장치 산업이다. 장치 산업은 대규모 투자가 들어가기 때문에 안정적인 생산을 유지하는 것이 필수적이다. 시장 수요가 줄어도 생산량을 줄이기가 쉽지 않다. 따라서 시장 수요의 변동에 따라 공급 과잉과 부족이 나타나는데 이때마다 가격이 널뛰기를 했다. 나는 LCD도 메모리와 같은 특성이 있으므로 메모리와 같이 수요와 공급에 맞춘 가격 변동 정책이 타당하다고 주장했다. 그러나 고객은 과거 수십 년간 가격이 내려만 갔지 올라간 적은 한 번도 없다고 강하게 반발했다. 기존 관행으로 볼 때 거의 반란 수준으로 보는 것 같았다.

그러나 나는 첫 단추를 제대로 끼우지 않으면 앞으로 두고두고 문제가 될 것이라는 판단에서 물러서지 않았다. 한참 줄다리기 협상을 하는 중에 고객이 주최하는 공급자의 날 행사가 있어 참석했다. 가서 보니 내가 앉아야 할 좌석에 경쟁사 대표가 앉아 있었다. 우리는 고객에게 LCD 패널을 100퍼센트 공급하고 있었고 경쟁사는 앞으로 공급을 하기 위해 협의를 시작하는 단계였다. 괘씸죄에 걸린 우리를 일부러 홀대한 것이었다. 그래도 나는 버텼다. 결국 우리 주장이 관철됐다. 이후부터 LCD 가격은 공급과 수요의 밸런스에 따라 오르고 내리는 것이 당연한 것으로 정착됐다.

이런저런 나의 노력도 있었지만 시기적으로도 여러 호조건이 맞물려 일본 판매 법인의 매출이 급성장했다. 시장의 패러다임이 바뀌는 시기였고 일본 시장은 새로운 기술과 새로운 응용 분야가 창출되고 있었다. 특히 디지털 카메라 회사들은 소니, 캐논, 니콘, 후지필름 등 모두 일본 업체였다. 디지털 카메라용 낸드플래시 수요가 급증했다. TV도 평면패널 TV로 전환되는 시기라 LCD 패널 매출이 급성장했다. LCD 모니터, 노트북 컴퓨터 시장도 급격히 확대됐다. 일본 본사 사장은 나에게 사업에 대한 권한을 전폭적으로 위임했다. 나는 소신껏 리더십을 발휘하며 조직을 이끌고 매출도 급성장하니 그야말로 신바람 나게 일했다.

조직원들과 팀워크도 좋아졌다. 처음에는 내가 높은 기대치를 가지고 강하게 밀어붙여 다소 힘들어했지만 점차 조직원들의 역량이 향상되면서 성과가 나타났다. 우리 제품의 시장점유율이 50퍼센트를 넘는 거래선이 나타났다. 얼마 지나 80퍼센트, 100퍼센트를 달성하는 업체들이 나왔다. 선순환 사이클이 되니 팀워크가 자연히 좋아질 수밖에 없었다. 저녁 때는 팀장들과 술 한잔을 하면서 거래선과 협상 과정의 무용담을 서로 주고받으며 밤을 지새우곤 했다. 1년에 한두 번씩 1박 2일 워크숍을 해서 팀워크를 다졌다.

## 자리에 걸맞은 리더가 돼야 한다

일본 시장은 판매 외에도 여러 의미가 있었다. 나는 제품 판매를 위해 다양한 산업과 응용 분야에 대해 열심히 공부했다. 한국 본사에서도 일본의 세트, 부품, 설비, 재료 업체들과 협력하고 교류하기 위해 많은 분이 방문했다. 나는 일본 지역에 근무하는 최고 책임자로서 한국 본사에서 오신 분들과 동행하면서 많은 업체를 만나고 교류했다. 이 과정에서 단순히 판매 법인장의 차원을 넘어 산업 전반을 파악하고 접해보는 경험을 했다. 새로운 패러다임이 정착되는 시기에 주도권 경쟁에서 승리하는 업체와 폼팩터 경쟁에서 밀려 쇠퇴하는 업체들을 보면서 많은 생각을 했다. 그 자체로 '패러다임의 변화를 주도해야 한다.'라는 교훈을 얻었다.

6년간의 일본 법인장 생활을 마치고 귀국했다. 나는 리더로서의 역량을 다시 점검했다. 개인적으로 300여 명의 작은 조직이지만 독립된 조직의 장으로서 사업 전략을 수립하고 혁신을 추진하며 리더십 역량을 배양해볼 수 있었다. 초기에는 법인장 자리에 걸맞은 역량을 갖추지 못했지만 열정적으로 부딪치고 고민하고 혁신하면서 역량을 배양했다. 그리고 신바람 나게 일했다. 리더로서 노력하고 리더로서 성장했다. 귀국할 때는 산업포장을 받고 경영자로서의 첫 관문을 통과해냈다는 감회를 느꼈다.

나는 일본 법인장 이후 경영자로서 초심을 잃지 않으면서 노련해지는 법을 익혀갔다. 조직이 원하는 리더, 스스로 되고 싶은 리더에 대한 고민을 계속했다. 좌충우돌을 겪었으나 신바람 났던 첫 리더의 경험은 경영자의 길을 걷는 동안 많은 교훈을 되새기게 해주었다. 당시 경험을 떠올리면 나는 베테랑 리더가 꼭 좋은 리더라고 생각하지 않는다. 초심을 가진 리더는 비록 시행착오를 겪더라도 실행력을 갖고 긍정적인 에너지로 일을 추진할 수 있다.

흔히 '자리가 사람을 만든다.'라고 한다. 이 말은 자리가 저절로 리더를 만든다는 얘기가 아니다. 자리에 걸맞은 리더가 되도록 스스로 노력해야 한다는 말이다. 이 지점에서 초보 리더들의 고민이 시작되길 바란다.

# 5
# 마인드와 멘토

## 마음밭을 키우고
## 인생의 멘토를 찾아라

사회생활에는 다양한 관계 맺기, 의사결정, 문제해결 등의 난제들이 복잡하게 얽혀 있다. 또 성장하는 과정에서도 두려움과 외로움을 접하게 된다. 이러한 과정에서 이야기를 들어주고 나아갈 길을 함께 고민해주는 이가 있다면 좋을 것이다. 그러나 이런 욕구들이 잘 해소되기 어려운 것이 현실이다. 경영자가 되는 중에 좋은 멘토를 만나는 것은 또 하나의 행운이 아닌가 싶다.

나는 멘토라고 하면 '아버지가 아들에게 인생에 대해 얘기해주는 모습'이 떠오른다. 아버지는 내 걱정을 많이 하셨다. 부모님은 시골에서 과수원을 했고 자식들을 서울로 보내 교육시키셨다. 가끔 서울에 오신 아버지는 약주를 한잔하시고는 "너는 베이비야. 사회를 잘 몰라." 하며 늦둥이 아들의 사회생활을 걱정했다. 사춘기였던 나는 그 소리가 싫었다. 그래서 도전 의식을 갖고 나도 잘 생존할 수 있다는 걸 증명하고 싶었다. 아버지는 내가 사회생활을 시작한 지 얼마 안 돼 돌아가셨다. 성장의 시기에 인생에 대해 의논할 상대가 사라졌다. 아버지가 오래 사셨더라면 중요한 멘토가 돼주셨을 텐데 그럴 시간이 없었던 것이 늘 아쉬웠다. 다행히 조직에서 여러 좋은 멘토들을 만나 잘 성장할 수 있었다.

## 멘토링은 성장의 씨앗을 품는 것이다

대표적으로 주니어 시절에는 조동인 전무가 떠오른다. 미국 반도체 회사 근무를 오래하고 삼성에 품질 전문가로 합류한 분이었다. '품질을 어떻게 데이터로 관리해야 하는가?'에 대해 남다른 철학을 갖고 있었고 후배들에게 전수하고자 했다. 동료들보다 연배가 있었지만 컴퓨터를 능숙하게 활용해 스스로 품질 데이터를 정보화하고 문제점을 예리하게 지적하곤 했다. 당시 과장이었던 나는 조 전무를 모시고 해외 출장을 많이 다녔다. 그분은 초임 간부인 내게 회사와 사회생활에 대해 여러 조언을 해주었다.

"부하가 잘못했다면 그건 상사의 책임이다. 부하를 잘못 뽑았거나 잘못 교육시켰거나 잘못 감시했기 때문이다."

"공功은 부하의 공적으로 돌리고 과過는 자신의 것으로 돌려라."

"넘버 투를 키워라. 그것이 조직을 발전하게 하는 데 가장 큰 원동력이 되고 자신의 프로모션을 위해서도 가장 필요하다.”

“공장의 오퍼레이션은 공장 편의의 오퍼레이션이 아니라 고객을 위한 오퍼레이션이 돼야 살아남을 수 있다.”

“이론적으로 말하면 가장 유능한 상사는 자신이 없어도 부서가 문제없이 돌아가도록 만들어야 한다.”

나는 호텔에 돌아가 잠자리에 들기 전에 조 전무가 해주신 말을 메모했다. 귀국해서도 별도의 노트를 만들어 다시 정리했다. 정리 노트는 가까이 두고 시간이 날 때마다 펴보곤 했는데 몇몇 구절은 아직도 생생하게 기억이 난다.

또 한 분은 권오현 회장이다. 권 회장은 가끔 나를 당신 사무실로 불렀다. 내가 맡은 사업의 현황과 애로를 물어보기도 했고, 당신이 경험하며 형성된 사상과 철학에 대해 말했다. 일부러 공을 들여 후배에게 멘토링하느라 많은 시간을 할애했다. 나는 그 대화를 통해 경영자로서 가져야 할 철학에 대해 생각하게 됐고 하나하나 정립했다. 조동인 전무에게 받았던 멘토링은 훗날을 위해 기록을 했다. 하지만 권 회장에게 받은 멘토링은 경영자로서 경영에 직접 접목하고 실행하면서 나름대로 철학으로 쌓아나갔고 성과가 있었다.

권 회장은 “경영자는 소소한 일상은 데이터에 의해 결정을 내리지만 큰 결정은 철학이 있어야 한다.”라고 말했다. 당시 나는 LED 사업부장이었는데 그 말을 듣고 내 나름의 경영 철학을 정립하고자 했다. 나의 철학을 세우기에 앞서 삼성의 철학을 익혀야겠다는 생각에 이건희 회장의 말과 삼성 경영 철학을 정리한 『지행 33훈』을 다시 일독했다. 그리고 내가 맡은 LED 사업에 이를 대입해 재정의하며 「LED 사업부 지행 33훈 실천」을 만들었다. 이를 사업부원들과 함께 토론하고 공유했다.

또 권 회장은 "경영자는 내 사업의 운명을 남에게 맡겨서는 안 된다."라고 강조했다. 이 말은 내가 수많은 사업 협력을 하고 거래선과 협상을 할 때 마음의 철칙으로 자리 잡았다. "혁신의 목표는 세계 최고이든가 이론적 한계치가 돼야 한다."라는 말은 몇 번의 적자 사업을 흑자로 돌리는 과정에서 큰 역할을 했다. 애초에 불가능해 보였던 혁신을 이루면서 직원들의 생각과 조직문화가 바뀌는 것을 목격할 때는 경영자의 철학이 얼마나 중요한가 다시금 깨달았다.

이 두 분 외에도 수많은 멘토가 있었다. 배움의 경로도 다양했다. 평소 행동, 회의나 간담회에서 오가는 이야기, 경영 현장의 의사결정 등 어깨너머로 배우는 부분도 많았다. 그 모든 배움의 결과물이 나를 만들었다는 데 이견이 없다. 늘 감사하게 생각한다.

사장이 된 후 조동인 전무 부부를 초대해 식사를 했다. 그분이 해주신 조언을 정리한 30년 전 노트를 스캔해서 그분과 함께 출장 갔던 여정과 추억이 담긴 사진 등을 모아 앨범을 만들어서 드렸다. 첫 장에는 조 전무의 가르침 덕분에 오늘날의 내가 있을 수 있었다는 감사의 문구를 넣었다. 조 전무는 앨범을 받고 무척 좋아하셨다. "내가 누구에게나 같은 말을 했지만 조 사장이 내 말을 가장 잘 받아들인 것 같다. 좋은 선물은 평생 가보로 간직하겠다."라고 하며 내가 당신 말을 귀담아듣고 잘 성장해준 것을 진심으로 기뻐했다.

## 마음밭을 일구는 게 경영자로 가는 길이다

이제는 나도 조동인 전무 마음을 알 것 같다. 가끔 후배들이 내가 예전에 해준 말을 잘 새겼다고 하면서 감사 인사를 건넨다. 그러면 나는 기쁜 마음으로 "내가 잘한 게 아니라 당신이 잘한 것이다. 나는 비슷한 이야기를 많은 사람에게 했는데 당신의 마음밭이 좋아 잘 받아들인 것이다. 그러니 당신이 잘한 것이다. 내가 잘하는 것이 아니다."라고 답한다.

서로 진심을 담은 말과 마음이 전달되는 순간이다. 나는 '마음밭'이라는 말을 좋아한다. 마음밭은 상대의 태도를 보면 금방 알 수 있다. 상사도 부하도 서로의 태도를 본다. 부하는 상사의 태도를 보며 그의 이야기가 진심인지 자신을 위한 것인지 아니면 무용담을 말하는 것인지 느낄 수 있다. 진짜 실력인지 허풍인지도 금세 판단이 된다. 상사도 마찬가지다. 직원의 눈빛과 태도를 보면 잘 이해하고 있는지, 이야기를 잘 흡수하는지 판단이 된다.

마음밭이 좋은 사람은 작은 가르침도 스펀지처럼 흡수한다. 원래 밭이 기름지면 보잘것없는 씨앗도 무럭무럭 자라 결실을 맺는다. 반대로 메마르고 척박한 가시덤불 속에서는 튼튼한 씨앗도 바람에 쓸려가고 만다. 멘토를 찾아 나서기 전에 자기 마음밭을 돌보는 것이 먼저다. 돌이켜보면 내가 당신을 멘토라고 생각하는 것을 아는 분이 몇이나 될까 싶다. 조동인 전무처럼 감사 인사를 한 분도 있지만 부지불식간에 스쳐 지나간 분들도 있다. "저의 멘토이십니다."라고 인사를 한 경우보다 안 한 경우가 훨씬 많다. 그러나 마음속에는 항상 간직하고 감사하게 생각한다.

현직에 있을 때 내게 도움을 준 선배들을 떠올리며 '좋은 회사를 후배들에게 물려주자.'라는 생각을 많이 했다. 나를 키워준 분들에게는 더 이상 보답할 길이 없으니 후배들에게 좋은 회사를 만들어주자는 생각에서였다. 퇴직을 한 지금은 코칭과 멘토링을 가장 보람 있는 일로 염두에 두고 매진하고 있다. 뒤늦게나마 현직에 있을 때부터 후배들을 관찰하고 그들의 강점을 찾아내 잠재력을 키워주는 데 남다른 흥미를 가지고 있었다는 것을 깨달았다. 새로운 업을 찾게 됐으니 다행스러운 일이다.

멘토는 '씨를 뿌리는 사람'이고 멘티는 '마음밭을 가꾸는 사람'이다. 좋은 씨를 뿌리는 농부를 만나는 것은 행운이다. 그러나 농부를 찾아 나서기 전에 마음밭을 잘 가꾸는 것이 먼저다. 마음밭을 잘 가꾸면 바람에 날아온 꽃씨와 풀씨도 쉽게 싹을 틔울 수 있다. 정성을 다하는 농부를 만나지 못하더라도 멋진 야생화 단지를 스스로 조성할 수 있다. 인생의 멘토를 기다리기 전에 자기 마음밭을 가꾸는 일부터 시작하길 바란다.

**그로쓰** 경영자로 성장한다는 것

**초판 1쇄 인쇄** 2021년 4월 22일
**초판 1쇄 발행** 2021년 4월 26일

**지은이** 조남성
**펴낸이** 안현주

**기획** 류재운 **편집** 최진 안선영 **마케팅** 안현영
**디자인** 표지 최승협 본문 장덕종

**펴낸 곳** 클라우드나인    **출판등록** 2013년 12월 12일(제2013-101호)
**주소** 우) 03993 서울시 마포구 월드컵북로 4길 82(동교동) 신흥빌딩 3층
**전화** 02-332-8939   **팩스** 02-6008-8938
**이메일** c9book@naver.com

**값** 17,000원
**ISBN** 979-11-91334-15-9  03320